わかってもらえない妻
かまってもらえない夫

なぜ夫婦はすれ違うのか

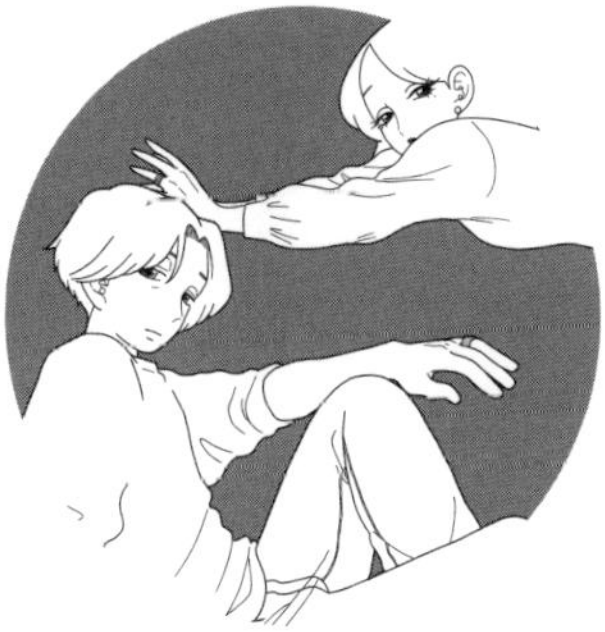

夫婦インフルエンサー
須藤夫婦

実業之日本社

はじめに

なぜ夫婦はすれ違ってしまうのか？

夫といると、ため息がでる。
話しても伝わらないし、ちゃんと聞いてもくれない。
何より、わかってもらえない。

妻といると、孤独を感じる。
話しかけても素っ気ないし、笑顔を向けてもくれない。
何より、かまってもらえない。

あなたがもし、こんな気持ちでいるのなら、ぜひこの本を最後までお読みください。

この本では、日々の生活の中で夫や妻とのすれ違いを感じているあなたへ、二人のコミュニケーションを整えて、わかり合う方法をお伝えしています。

そのために必要なのが、ちょっとした工夫です。

うまくいかない夫婦のパターンを知る工夫。

自分の心の声を聞く工夫。

話し方や聞き方を変える工夫。

この本では、そんな工夫の仕方を、具体的にお伝えしていきます。


ここで、私たちのことを少し紹介させてくださいね。

私たち須藤夫婦は、人間関係とパートナーシップの専門家です。心理学をベースに、カウンセリングや講座、心やカラダを癒やすリトリートなどを開催しています。

また、夫婦インフルエンサーとして毎朝のLive配信を500回以上続け、2024年からは夫婦問題をテーマにTikTok、Instagram、YouTubeなどで動画を配信。おかげさまで「須藤夫婦@中高年あるある」は、半年で総再生数800万回を超える人気を誇っています。

妻（美喜子）は、39歳で専業主婦から大学教員となりました。英語教授法をメインに、言語コミュニケーション、言語心理学、会話分析などを学びました。「人は何を、どんなふうに話しているのか」にとても興味があり、学会で多数発表してきました。

夫（英彦）は、大手百貨店の会社員として仕事をしながら50歳で大学院に入学。スポーツ科学の博士号を取得後、61歳で前立腺がんに罹患。そこで心と健康の大切さに気付き、心理学を学ぶようになりました。

私たちが心理学を本格的に勉強し始めたのには、実はもう一つ、きっかけがあります。それは、家族の不仲です。

二人の子どもに恵まれましたが、娘が思春期になる頃から始まった夫・英彦と娘の確執はどんどんエスカレートしていきました。併せて妻・美喜子も義両親との関係がうまくいかず、夫婦・家族で怒鳴り合う日々が10年以上も続いたのです。

このどん底を何とかしようと、夫婦で真剣に向き合ったのが心を整えること。

自分の心のクセを見直す、幼少期の心の傷を癒すなどの努力を重ねました。
また、夫婦や家族で「話す」方法や時間も工夫して実践した結果、心から笑顔になれる関係に戻ったのです。

この経験を活かして、同じように悩む方々の力になりたい。そんな思いに突き動かされ、これまでの自分たちの経験や、400名以上に実施した心理検査の結果をもとに、クライアントさんの声を活かして、オリジナルのカウンセリングプログラムを構築しました。

私たちのカウンセリングを受けたクライアントさんからは、

- 生きやすくなった
- 夫と結婚後初めてデートができた
- やりたいことを夫が応援してくれるようになった
- 自分の良さに気がついた

など、うれしい声がたくさん届いています。
本書では実際のカウンセリングを元に22組の夫婦の実例を、心理学の側面から紐解き、二人のコミュニケーションを見直していきます。

私たち自身、年齢を重ねて、人生がどんどん豊かになっていくことを実感しています。

それは、いつも隣にいる人が笑顔だから。

そして、自分も自然に笑顔でいられるから。

「夫婦の笑顔が世界を変える」

私たちは、そう信じています。

この本で、一組でも笑顔の夫婦が増えれば、これほど嬉しいことはありません。

さあ、あなたもご一緒に、しあわせな未来へ一歩踏み出しましょう！

2025年4月　須藤夫婦（須藤美喜子　須藤英彦）

序章

しあわせの鍵は、依存と自立のバランス

第1章

逃走中夫婦

逃走中夫婦のコミュニケーションと心のワーク

コミュニケーションのワーク

心のワーク

第2章

対立夫婦

第3章 瀬戸際夫婦

終章

しあわせ夫婦への道

序章

しあわせの鍵は、依存と自立のバランス

夫婦のコミュニケーションの鍵は？

人には誰しも**依存的な面と自立的な面**の両面があります。この二つのバランスを取ることが、夫婦のしあわせの鍵を握ります。そこで、まずは序章で夫婦関係のベースとなる依存と自立の考え方を説明していきます。

人がこの世に生まれて最初に学ぶのは、**「依存」**の側面です。生まれたばかりの赤ちゃんは、両親やまわりに依存して、やっと生きていくことができます。この時期に受け取った愛情や一体感が、その後、安心して生きていくための土台になります。

赤ちゃんは、大きくなるにつれ自分で服を着替えたり、手を洗ったり、少しずつ自立する力をつけていきます。思春期を超えて社会人になるころには、たいていの場合「よし、自分でやるぞ！」という気持ちで親から自立していきます。この**「自立」**の側面で、人は「自分で自分をしあわせにする生き方」を目指します。

その後、多くの人はパートナーと出会い、結婚し、夫婦になります。独身時代とは全く違う二人の関係の中で、「頼りたい、相手にまかせたい」という依存的な側面と、「一人でいたい。自分のやり方でやりたい」という自立的な側面のバランスを取って生きようとします。

ご存じの通り、これがなかなかむずかしいのです。

何しろ、結婚相手は「つい最近まで、赤の他人」だった人。思いもよらぬ出来事があったり、びっくりするほどの違いを感じることもあるでしょう。「こんなはずじゃなかった！」とショックを受けることもあるかもしれません。

このように様々な葛藤がある時、人は相手との関係を求める**依存的な側面**が強く出たり、相手から離れようとする**自立的な側面**が強く出たりします。夫婦がすれ違う理由は、二人の間で依存と自立のバランスが揺れ動くから、とも考えられるのです。

夫婦が成熟するまでには5つのパターンがある

個人が成長し、夫婦としても成熟するまでには、さまざまなバランス関係が生まれます。その関係は、**大きく5つの夫婦のパターン**に分類することができます（＊心理学者ミデルバーグが2001年に発表したカップルダンスをベースに、クライアントのケースを統合したオリジナルの夫婦モデルです）。

以下では、その5つの夫婦のパターンについて説明していきます。

1　ラブラブ夫婦

依存の面が強く出る**新婚時代の夫婦に多いパターン**。普段から、相手の良い面ばかりを見て、自分のことはあまり見えていません。

白馬の王子様、うるわしのお姫様に恋しているような状態で、相手に夢中。ひたすら相手の好みに合わせようとする、サービス精神旺盛な時代です。

この先、現実の相手の姿が見えたとたんに裏切られたように感じ、「こんなはずじゃなかった」と相手を責めるようになります。

けれど、この時の「恋をしている」「相手のためになりたい」という思いが、

しあわせな夫婦に進むためのエンジンにもなります。

2　逃走中夫婦

夫婦のどちらかが自立的、もう片方は依存的になった場合、依存側が自立側を追いかけます。

状況によって依存と自立が逆転したり、体調不良や転職などをきっかけに、依存の立場を取ったり、お互いに**「依存」と「自立」を行きつ戻りつしがちです。**

たとえば子どもが小さい頃は、妻である母親の負担がどうしても多くなりがちです。夫には「もうちょっとこれをやってほしい、あれも一緒にやってほしい」と言いたくなります。もっとサポートしてほしい、大変さを理解してほしい、と感じる依存の気持ちになりがちです。

そうなると夫は「勘弁してよ、俺は俺で忙しい」「子育てはまかせたい」と言いたい心境になります。「自分は自分で、やるべきことはやっている」と言いたい、自立の心境です。こんな時は、**妻が追いかけ、夫が逃げる「逃走中夫婦」のパターンになっているのです。**

「逃走中夫婦」の場合、基本的に依存側は相手軸で考えがちです。相手ばかりを見ているから、自分の良い面が見えづらく、自分に自信を持てずに傷つくことが増えます。自分の過去の失敗もよく覚えていて、現実的で慎重です。

また、相手の失敗もよく覚えているので、どうしても批判的になりがちに。「なぜ同じ様な間違いを繰り返すのかわからない」と感じ、「いい加減、気づいたら？」などと相手を責めがちです。

一方、自立側は基本的に楽観的です。相手からいつも責められているとは感じるものの、自分の感情も、相手の感情もそれ以上は深掘りしません。気持ちのキャッチボールが苦手なので、相手をイライラさせがちです。

※元々が「私が全て仕切ります！」タイプと、「はい。お任せします」タイプの組み合わせの場合、片方が全てを決定し、もう片方は相手に頼り切りで、依存のままになりがちです。このように二人の関係が固定してしまうと、夫婦としての成長がない場合もあるので、要注意です。

図－1　問題のある夫婦のパターン

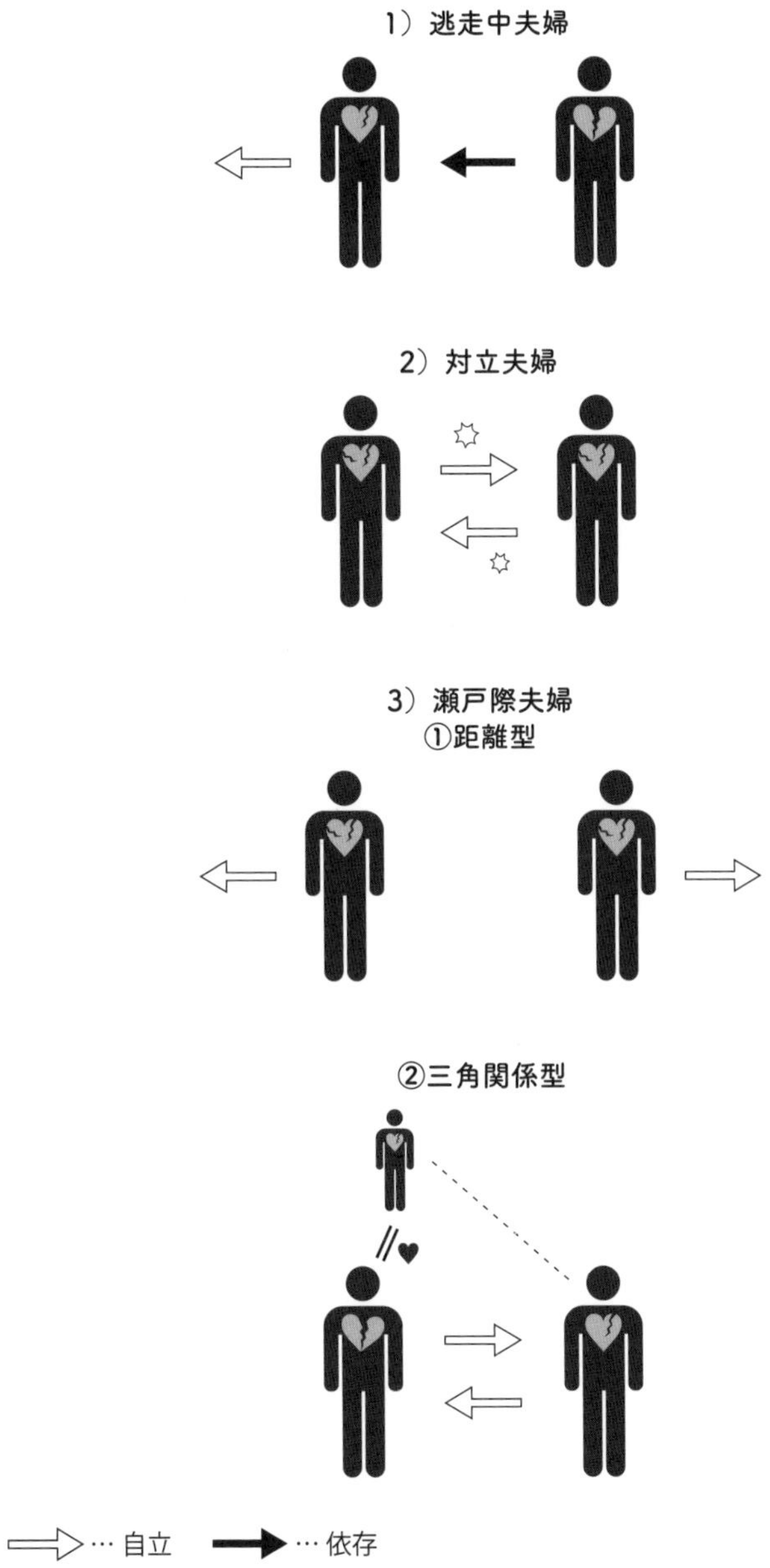

3　対立夫婦

対立夫婦は、二人とも自立的な面が強く出ています。依存的で傷つきやすい自分には戻りたくないと感じ、強い自分でいるために、「本当は愛されたい」とか「本当はわかってほしい」などという本音の感情にフタをしてしまいがちです。

特に、「社会で成功したい」「周りから認められたい」という思いが強いほど、心の中のネガティブな感情を邪魔と感じ、自分から切り離して生きることが多くなります。

自立同士なので、夫婦は「相手が先にあやまれば、自分もあやまる」「相手が先に自分の願いをきいてくれれば、自分も相手の願いをかなえてあげる」と常に競争しているような状態が続きます。お互いに引き下がらずやり合うため、ケンカも激しさを増していきます。

言いたいことは相手にぶつけるけれど、相手の話は冷静に聞けず、きちんと理解をしようとしないのも、対立夫婦の特徴。だから、せっかく**問題を解決するために話し合いを始めても、すぐにまたケンカ**に逆戻りしてしまうのです。かと思えば、ケロッとケンカを忘れ、急に仲良くなったりもします。

4　瀬戸際夫婦

逃走中夫婦や対立夫婦は、立場がクルクル入れ替わったり、ぶつかったり元に戻ったり、関係性が変化しやすいもの。けれども、瀬戸際夫婦のパターンにはまると、二人の関係が固定しやすいと言われています。

瀬戸際夫婦は二人とも周りから見れば「ちゃんとした大人」。自立の側面にみがきをかけ、人生をがんばって生きてきて、仕事や家庭では、実は大きな成果を収めています。成功している人も多いでしょう。しかし、義務や役割で物事に向き合っている感覚があり、「人生ってこんなもの？」と、むなしさを感じ始めています。「すごい」と言われたり、「ありがとう」と感謝されるのは、その役割を演じている間だけ。本当の自分自身には価値を感じにくく、ニセモノのように感じたりもします。

人生をかけて手に入れたもの（たとえば仕事、家庭、子ども、会社など）が重荷になり**「これさえなければ自分はもっとしあわせになれるのに」**と思うことすらあり、それを実際に手放してしまうリスクも高い、まさに人生の瀬戸際に立ちかねない夫婦のパターンです。

さらに、この**瀬戸際夫婦には、典型的な二つの型**があります。

①距離型

夫婦が物理的にも時間的にも距離を置き、つながろうとしない状態です。

過去にいろいろありすぎて、もう面倒なことに巻き込まれたくない、**夫婦は離れている方がお互い傷つかない**と感じています。

心の深い部分ではパートナーに不満や怒りを感じていたり、自分のことをどう思っているか気になっているけれど、その思いが行動につながりにくく、相手にも届きにくいのが距離型です。

②三角関係型

もともと二人の間に向き合うべき問題があるのに、長い間そこから目をそむけ続けている夫婦に起こりがちなのが三角関係型です。

根深いストレスのはけ口として片方が行動を起こし、第三者（子ども、実家の親、愛人、仕事、趣味など）と癒着して**パートナーと2対1の関係**を作り出し、そうすることで、弱った自分の強さを取り戻します。

子どもが巻き込まれると、癒着している方の親のような立場になり、まるでカウンセラーのように相談に乗ったりします。その反面、もう片方の親とは疎遠になりがち。話すだけでも自分が裏切り者のように感じ、子どもらしい成長が犠牲になってしまうことも多いのです。

5　しあわせ夫婦

ラブラブ夫婦や、問題のある3つの夫婦のパターンを工夫しながら乗り越えて行く先に生まれるのが、この**しあわせ夫婦**です。

しあわせ夫婦は、お互いが自立した者同士。それぞれが「自分の面倒は自分で見られる」「一人でも生きられる」という強さを持ちながらも、「一人では生きない」という選択をしています。お互いが前を向き、対等なパートナーとして手を差し伸べるイメージです。

夫婦でいても、どうすれば「自分らしく」いられるのか、相手が「相手らしく」いられるのか、わかろうとし、工夫しています。

「不安」や「さみしさ」「怒り」を無いことにせず、まずは自分で受け止め、伝え、満たし合える土台を作っています。
残念なことに、周囲を見回しても「しあわせ夫婦」を見かけることはめったにありません。それは、多くの夫婦が問題のある夫婦のパターンにはまって、「これ以上自分たちの関係は良くならない」とあきらめてしまうからです。そして、その先に全く別の夫婦のしあわせの形があることを知らないまま、人生を歩んでいくからです。

この本を手に取っていただいた皆様、今はぶつかったりギクシャクしていても、この先には、自分たちらしく、夫婦で心地よく生きる道があります。それを忘れないでくださいね。

夫婦診断テスト　あなたの夫婦はどのパターン？

「しあわせ夫婦」へ近づく第一歩として、夫婦診断テストを用意しました。まずは、自分はどの夫婦の形なのかチェックしてみましょう（現在シングルの方は、過去のパートナーや恋人との関係を思い出してチェックしてみるといいでしょう)。

以下の25の項目について、ご自分について当てはまるもの全てにチェックを入れてください。

ラブラブ夫婦

□私はパートナーに、ぞっこんだ！
□気がつけば、パートナーのことをいつも思い浮かべている。
□パートナーと一緒にいると、嬉しくてドキドキする。
□こんなに素晴らしいパートナーに出会えた私は、世界一のしあわせ者だ！
□パートナーの好き嫌い、趣味、考えていることなどを、できるだけ知りたい。

逃走中夫婦

□相手はすぐ逃げ腰になるor相手からいつも追いかけられている。
□夫婦で話していると、とてもイライラしてくるor夫婦で話していると、そのうち相手の気持ちがわからなくなる。

□相手は結局、理屈で逃げようとするor相手はいつも感情的になりすぎる。
□相手がなぜ同じ失敗を何度も繰り返すのか分からないor相手がなぜ自分に反対し、あら探しばかりするのか分からない。
□相手の考え方は楽観的すぎるor相手は悲観的すぎる。
※orの上が依存側、下が自立側の気持ちです

対立夫婦

□相手がいい加減、変わるべきだと感じている。
□相手のためを思って言っているのに、相手には自分の誠意が伝わらない。
□自分が主導権を握ったほうが、もめ事が減って平和になるだろう。
□話し合いをしようとすると、すぐにケンカになってしまう。
□相手のことを真剣に思っているのなら、相手には言いたいことをストレートに言ってもいい。

瀬戸際夫婦

□お互いに距離を置き、関わらない方が夫婦は無難。

□相手に下手に期待して、また裏切られるのが怖い。
□相手との関係で、ずっとストレスを抱えている。
□パートナーといると、むなしさを感じる。
□夫婦の間に、第三者（子ども・父母・仕事・愛人など）が割り込んでいるように感じる。

しあわせ夫婦

□夫婦は違う面があるからこそ面白い。
□家事や自分達の周囲の家族のケアは、対等にしようと心がけている。
□人生全般が、前より楽でスムーズになっていると感じている。
□パートナーはチームメイト。助け合って生きていきたいと思う。
□お互いのダメなところも含めて、認め合っている。

診断結果

いかがでしたでしょうか？　一番、□にチェックが多かったものが、今のあなたと相手との状態になります。

ラブラブ夫婦　／5
逃走中夫婦　／5
対立夫婦　／5
瀬戸際夫婦　／5
しあわせ夫婦　／5

現在の自分やパートナーの心の状態や、思い出した場面でチェックする項目はずいぶん変わってくると思います。また時間が経つと夫婦のパターンはずいぶん変わっていくものです。その変化を知るためにも、1度チェックしたら終わりではなく、時々見直してみることをオススメします。

「しあわせ夫婦」になるために本書で伝える2ステップ

この本ではこれまでご説明してきた「逃走中夫婦（1章）」、「対立夫婦（2章）」、「瀬戸際夫婦（3章）」の3つのパターンについて、それぞれ1～3章にわけて様々な事例と解決策を心理学の視点から解説しています。

そして、以下の２ステップを実践し、終章で解説する「しあわせ夫婦」を目指しましょう！

STEP1　まずは自分の心に寄り添い、次に相手の心に寄り添う。

STEP2　すれ違っているコミュニケーションを通じ合うコミュニケーションに変える

各章の終わりには、手軽にできるコミュニケーションと心のワークも紹介していますので、ぜひ実践してみてください。

※事例は夫と妻を入れ換えて読むことも可能です。たとえば「事例1　ライフワークに反対する夫」など、実際には妻側が夫の夢に反対するケースも多いはず。ぜひご自身の場合に当てはめて読んでみてくださいね。

第1章

逃走中夫婦

事例

01

ライフワークに反対する夫

結婚15年：夫（40歳・写真館2代目）妻（37歳・生花店パート）長男（13歳中学生）次男（11歳小学生）

妻の言い分

自分に投資して夢を実現したい

夫の言い分

人生はコツコツ真面目に生きるもの

相談事

私は将来はフラワーアレンジメントで収入を得たいと思い、アルバイトをしながら勉強を続けています。けれど夫は堅実派。仕事は若い頃からコツコツ真面目に積み上げていくもの、40歳近くにもなって始めて稼げるほど人生は甘くないと

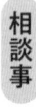

言います。最近は話そうとすると逃げ出す夫。もうタメ息しか出ません。

ポイント

・夫婦はチーム。ビジョンの共有が必要
・成功体験の分かち合い
・「あなたのおかげよ」の承認の言葉

解説

コロナ以降、オンラインで自宅にいながらできる仕事も増えてきました。なかなか外に出にくかった女性たちには、大きなチャンス！「今まで趣味でやっていたけれど、これからはちゃんと収入を得たい！」「好きなことで独立したい！」と、がんばっている女性が増えています。

未来を夢見てワクワクする妻。一方、その横には、「いったい何をやっているんだ」といった視線を投げかける夫の姿。そんな時、夫の気持ちは複雑です。経済的に厳しい状態ならいざ知らず、そうでなければ妻にはリスクを取ってまで夢に挑戦せず、家庭を第一にしてほしい。ついつい「やめとけよ、そんなこと」と言いたくなります。

また、妻の仕事が忙しくなれば、誰がそのぶん家事をするの？　自分だって、死ぬほど忙しい。負担がこれ以上増えるのはイヤだ、という気持ちも出てくるでしょう。

万が一、妻が成功したら、夫は「一家の大黒柱」でなくなる可能性もあります。そうなるとプライドも傷つくし、自分は必要とされなくなるかも知れない。もちろん、すべての男性がそうではなく、妻のライフワークを快く応援してくれる夫もたくさんいます。でも羽ばたこうとする妻を見ると、なんだかモヤモヤする。「うちの夫、最近、不機嫌かも」と感じているなら、たぶんご本人も感じていないこんな思いが、夫の心の中をかけめぐり、妻から逃げ出す逃走中夫婦になっているのかも知れません。

そんな時は、ぜひ夫婦で将来の**ビジョン**について話し合ってみてください。
あなたは、将来どんな暮らしをしたいですか？

フラワーアレンジメントを通して、世界にどんな貢献をしたいですか？

どんな人生を送りたいのでしょう？

もしも夫婦でずっと仲良く暮らしたいと思うのなら、そのビジョンの中には夫の笑顔もあるはずです。フラワーアレンジメントを大切にする気持ちと共に、「将来、家族でこんな風に暮らしたい。それを実現するために、経済的にも貢献したい。そのためにがんばりたいの」。そんな、いま抱いている気持ちも夫にちゃんと伝えましょう。

ビジョンにはパワーがあり、夢があります。あなたが感じている未来へのワクワクを、夫にも感じさせてあげてください。

その話し合いで、夫婦に同じ目標を持つチームメイトの意識が生まれ、協力して人生戦略が立てられます。**「相手が勝つことが自分も勝つこと」。この意識が育てば、夫の家庭・家族に対する気持ちも変わってきます。**新たに夢を追いながらも、家事や子育ての責任を妻ばかりが請け負って疲れ果ててしまったらチームとしては前に進めません。

そして、小さくても成功体験を分かち合いましょう。たとえばフラワーアレンジメントでお客様がついたり、購入してもらってお金が入った時には、しっかり夫に報告してください。そのお金で普段よりちょっと高いワインを買ってあげて、乾杯しながら「助けてくれてありがとう。あなたのおかげよ。これからもよろしくね」の**承認の言葉**。これが言えれば、夫の自己価値もぐーんとアップ、元気倍増です。

ビジョンは一人きりで追いかけるものではありません。夫と協力し、手を携えることができれば、実現する力がきっと何倍にもなりますよ。

処方箋

夫婦は一つのチーム。未来のビジョンを共有しましょう

事例

02

マイペースな夫

結婚13年：夫（45歳・製菓メーカー営業）妻（43歳・ネイリスト）

妻の言い分

休みの日くらい、家族に気を向けてほしい

夫の言い分

休みの日くらい、気ままに行動させてくれよ

相談事

夫は超マイペース。私はいつも夫に振り回されてしまいます。たとえば休日の過ごし方は夫次第、私は付いていくだけ、という感じ。先日は久しぶりのディナーを楽しみにしていたのに、夫が買い物からなかなか帰ってこず、結局到着が予

約時間のギリギリになってしまいました。こんなことがしょっちゅうで、私は気分が落ち込みます。

ポイント

・マイペースな人は自分軸で判断し行動する
・夫婦で判断基準にズレがある
・ズレは細かく伝える

解説

夫婦のしあわせに欠かせないのは、バランスです。自分を大切にし、相手も大切にすること。相手からも大切にされること。ゆずったり、ゆずられたりに公平感があると、互いに「ああ、大切にされているな」と感じるものです。

逆に事例のように、どちらかが「いつも自分だけが振り回される」と感じる時には、立ち止まって互いの意見に耳を傾けることが大切です。

この場合は、夫は自立的な自由行動派タイプ。自分自身の意思で行動を決める、マイペースな人です。周りに合わせせないのでストレスやプレッシャーを感じにくい反面、相手のことを忘れがち。

また、本人は周りのアレコレに動じないので、相手に対しても「これくらいは平気だろう」と思ってしまう傾向が。事例は、その**「平気」の基準に夫婦でズレがある**、というケースです。

そのズレを埋めるには、マイペースな夫に「どんな時に傷つくのか」を具体的に気づいてもらいましょう。

相手に気づいてもらうためには、まずは自分の気づきが大切です。「夫の言動に、なんかムカつく」というレベルから「こういうことをされると、こう感じて、こんな感情がわいてくる。だから傷つく」と、少し客観的に自分の気持ちを分析してみましょう。

事例の場合、

1．妻は久しぶりに二人でディナーするのを楽しみにしていた

2．夫はディナーに出かけるギリギリの時間まで帰宅しなかった

3．家を出るのが遅れ、予約時間に少し遅れてしまった
4．ずっとヤキモキして、『ああ、またこれだ』と落ち込んだ

という流れがあります。

傷ついた自分の気持ちに耳を傾けると、そこには「自分は大切にされてない」という悲しみがあります。

「私は、久しぶりの二人のディナーを楽しみにしていたの。でも、あなたが買い物から帰るのが遅かった。しかも帰宅時間の連絡もなかった。私との約束を大切にされてないように感じて、悲しかった」

自分の悲しみを、まずは自分で受け止める。夫には、出来るだけ冷静に気持ちを伝える。そうすると、生まれつき筋金入りのマイペースな夫から「え、そんな風に思っていたの？　ちっとも気が付かなかった！　ごめんね」と返ってくることもとても多いのです。

思い切って夫婦で話してみる中で「買い物から○時までには帰ってきてよ」と夫にはっきり言っていなかったことや、夫は「予約しているからこそ、ギリギリでもいい」と考えていた、なんてことがわかってくるかもしれません。そうして初めて「そうか、自分の考えや感情は細かく伝えなきゃいけないんだ」という夫婦の合意が生まれます。

同じことでもまるっきり捉え方が違う。夫婦にはそんなポイントがたくさんあります。このディナー事件が解決したって、またすぐにぶつかるネタは出てきます。でもその度にこまめに話して、ズレに気づいていきましょう。

処方箋

ズレを感じた時は、自分の本心を冷静に伝えよう

事例

03

妻を褒めない夫

結婚25年：夫（59歳・市役所勤務）妻（58歳・事務パート）娘（23歳独立）

妻の言い分

たまには褒めてくれてもいいじゃない！

夫の言い分

急に褒めたりしたら、かえって変だろ！

相談事

夫は私に無関心です。髪を切っても、かなり気合を入れてオシャレをしても、全く気づいてくれず、基本ノーコメント。その度にガッカリします。もうあきらめの心境でしたが、先日友人夫婦とお茶する機会があって、友人をさりげなく褒

める旦那様を前にして、なぜかモヤモヤしてしまいました。ウチの夫も何とかならないでしょうか？

ポイント

・わかりやすく「褒めて」と言う
・夫からの「いいね」に喜ぶ
・夫のことも褒める

解説

個人差はありますが、たいていの夫は「褒める」行為に消極的です。その理由の一つが「褒めて撃沈した」過去の失敗の数々。妻側からすれば「え、なんで今、この場でそれを褒めるの～？」「恥ずかしいじゃない、勘弁してよ～」みたいな体験です。思い返すと、きっとありますよね。

・妻を褒めても、スルーされそう
・何か企んでるんじゃないかと、怪しまれるのが怖い

・今さら、妻を褒めるなんて恥ずかしい
・ガラにもないって思われそう

「褒める」という行為に関して、こんな心理的ハードルを感じる夫は多いのです。だからこそ、夫から気持ちよく褒められるにはコツがいります。そのためのポイントを以下にお伝えします。

わかりやすさ

言葉に出さずとも、妻のそこはかとない態度から「褒めてほしい！」気持ちをくみ取れる夫は、この事例の世代にはまず存在しません。だから、極力シンプルに、褒めてほしい時は笑顔で「今日、髪を切ってきたのよ～　どう？　似合っている？」と聞きましょう。自己申告型がオススメです。

夫からのおうむ返し

夫には「おお、似合ってるよ」と、おうむ返しでいいから言ってほしい、と伝えておきましょう。そして、あなたはそれで**すごく大げさに喜ぶこと。**妻の笑顔が嬉しくて、夫はもっと「褒めよう！」って思うはずです。

「返報性の法則」

自分だけではなく、夫にも「あなたはどんなことで褒めてほしい？」と聞いてみましょう。この問いに戸惑う男性は多いと思います。その時は「あれ？　今日はなんだかスッキリしてる」「そのセーター、似合ってるね」なんて軽い言葉だけでOK。褒められれば、褒めたくなる。人は相手から受けた好意は自然に「お返し」したくなるという「返報性の法則」に従うものです。

ちなみに、妻と夫では褒められて嬉しいポイントが微妙に違います。

【夫から妻へ】

・女性はがんばっている姿を認めてほしいもの。仕事や家事を一生懸命やっている姿を見た時「いつもがんばってくれて、ありがとう」と声をかけましょう。
・「きれいだね」「かわいいね」「好きだよ」などは、最低でも1日に1回は言ってほしいもの。照れ臭くて言えないと言い訳しないで、妻が心から望んでいる言葉のシャワーをぜひ浴びせてあげてくださいね。

［妻から夫へ］

・男性は自分の能力を褒めてほしいもの。夫が何かをしてくれた時、すかさず「ありがとう！　やっぱりあなたは頼りになるわ！」と声をかけましょう。「さすが、あなたね」というプライドをくすぐるひと言で、夫はグンと伸びるものです。

褒めるとは相手のポジティブな部分に焦点を当ててパートナーを評価しようとすることです。こういう姿勢を持つカップルは相手のネガティブな部分に対しても寛容で、夫婦関係がうまくいきます。

お互いの素敵な部分をたくさん認めて褒め合える、素敵な夫婦を目指しましょう。

処方箋

「褒めて！」と妻からのわかりやすい自己申告から始めましょう

事例

04

職場のグチが止まらない妻

結婚15年：夫（48歳・自動車メーカー人事）妻（48歳・塾講師）長男（12歳小学生）長女（10歳小学生）

妻の言い分

グチくらい聞いてもらわなきゃ、やっていられない！

夫の言い分

グチを聞かされ続けて、疲れた……

相談事

妻は明るく元気な働き者。でも、唯一の問題が止まらないグチ。職場のアレコレに悩みが尽きず、夕食後など延々とグチってきます。私も妻のがんばりがわかるので、口をはさまず吐き出してもらうよう努めていますが、最近はその状況に拍車がかかり、あまりにも変わらない妻にむなしさも感じ始めました。妻を傷つけることなく、グチが止む方法はないでしょうか？

ポイント

・自分の努力が実らない時、人は学習性無力感を感じる
・依存の気持ちが強いと、相手の気持ちに気がつきにくい
・共感と問題解決のバランスを取ろう

解説

妻の話に求められてもいないアドバイスをする夫が多い中、気持ちを吐き出させてあげるあなたは素晴らしい！　妻が悩み多き職場でがんばって働けているのも、そんなあなたの**「共感力」**があればこそです。

ただ、グチをひたすら聞いてあげるって、すごく疲れますよね。しかも、事態はちっとも良くならない。自分の忍耐が実を結ばないガッカリ感で、あなたは妻に対し**「学習性無力感」**を感じ始めています。今のうちに、心が擦り切れない工

夫をしていきましょう。

職場に対して文句が止まらない妻は、「自分には出来ることはない」「だれかにどうにかしてほしい」と、人を頼りにする**「依存の意識」**にとらわれています。そういう時、人は「聞いてもらって当然」と感じ、夫にも悪気なく寄りかかってしまいがちになります。

ここでまず大切なのは、あなたの弱った気持ちにも気づいてもらうこと。二人に心の余裕がある時、妻の相談に乗るばかりで状況がずっと変わらないことに最近無力感を感じていると、正直に話しましょう。普段、全てを受け止めてくれる夫からのこの発言に、妻はドキッとするはずです。

そして、実際に問題を解決する方向に話の方向性を変えたいこと。そのために、共感や慰めだけじゃなく知恵を出し合う時間も持ちたいことなど、妻を助けたいというあなたの思いも伝えてください。

気持ちがちゃんと伝わったら、夫婦の会話スタイルを実際に変えてみましょう。たとえば、

・職場の問題に関する話は土曜の夜にする
・グチタイムは10分まで（その間はどんなことでも吐き出していい）
などと決めてはどうでしょうか？

その後は妻の同意を得て、会話に少し**問題解決型の要素**を入れてみましょう。「じゃあ実際にどうしたらいいかな？」とできる行動を一緒に考えてみたり、あなたも「そう言えば僕もこんなことがあったなあ」「その時は、こんなことしたらうまくいったよ」などと経験談を話したり。やりすぎは嫌われますが、グチを聞いてもらうだけでスッキリしている妻の背中をちょっと押すコーチ役を担うのも、普段から妻と仲の良いあなたならできることだと思います。

むなしさを感じる時、何より大切なのは**自分の努力の成果に自分で気づくこと。**そして、それをちゃんと受け取る、自己承認の力です。妻が笑顔でいる時、家族で楽しく食卓を囲んでいる時、「ああ、グチを聞いてあげてよかったな！」と自分に声をかけてください。月に一度は、普段買わない高級ビールを買って、一人で「乾杯！　今月もよく妻を支えました！」と言ってあげる。自分を励まし上手にすることが、妻を支える力になります。

処方箋

努力の成果に自分で気づこう。ちゃんと受け取ろう

事例

05

口撃の絶えない妻

結婚17年：夫（49歳・証券会社勤務）妻（44歳・百貨店販売）長男（14歳中学生）次男（11歳小学生）

妻の言い分

だってあなたが悪いんでしょ！

夫の言い分

否定的にばかり受け取らないでほしい

相談事

妻は私が何か提案する度に「でも、そうは言っても」「だけど、それって」と言って、たいてい否定してきます。反論すると昔の話を持ち出し「あなたはあの時あぁだった、こうだった」と言ってくるので建設的な話ができません。結局は

なぜか私があやまって終わるケースがほとんどです。どうしたら夫婦の会話が前向きでスムーズなものになるのでしょうか？

ポイント

・感情に近い人は「ちゃんと聞いてもらってない」と感じがち
・会話をポジティブに締めくくると満足感が残る
・夫婦の「何でもない会話」が安心な関係の土台作りになる

解説

「正直、納得がいかない。でも、自分があやまる」というあなたは確かにやさしい人。でも、妻としてはそのやさしさに腹が立つ。思わず「ストップ、謝罪！」と言いたくなる時があります。そういう場合に多いのが、「本当には話を聞いてもらっていない」「自分の話は夫の芯に届いていない」という感覚です。

あなたとしては、ちゃんと聞いてるつもりなのに、妻にはそう感じられないのはなぜでしょう？

たいていの夫婦には、感情面で役割があります。感情に近い人と遠い人。感情に近い人は、話の中で自分の感情を表現し、それを相手に受け止めてほしい、そして相手にも感情を分かち合ってほしいと思っています。一方、感情に遠い人は、要件について表現し、物事を進ませたいと考えています。そもそも二人のスタンスが違うので会話がギクシャクするのです。

夫婦でもう少しスムーズに話をしていきたいなら、オススメは立ち止まって「ちゃんと聞いているよ」のサインを出すこと。特に意識してほしいのが以下の7つのポイントです。

①アイコンタクト

落ち着いて相手の目を見て、まずは心を通わせる意識を持ちましょう。

②うなずきやあいづち

「うん」「そうだね」「そうか～」など。あいづちで、相手を安心させてあげましょう。

③感情の理解を示すフィードバック

「大変だったね」「がんばったね」などの言葉には、ついつい思い出す過去の傷を癒す力があります。

④話をさえぎらない。求められないアドバイスはしない

どうしても必要な時以外は、アドバイスは封印しておきましょう。

⑤途中で上の空にならない

相手の話が感情の流れのままに進むと、ついて行けず、つい上の空になりがち。そんな時は、相手の話にいったん区切りがついたところで「ごめんね、分かってあげられなくて。今のところ、もう一回ゆっくり話してくれる?」と声をかけましょう。

⑥疲れている時は正直にそう言う

仕事で疲れている時は、まずは「ごめんね」とあやまり、「ちゃんと話しを聞きたいから、○○の時に話せないかな?」と提案しましょう。

⑦最後をポジティブに締めくくる

途中で言い合いになっても、最後は「話せてよかった。ありがとう」のように終わらせましょう。**「再評価」**という心の働きで、途中のケンカも「お互いの気持ちが通じるプロセスだった」と捉え直すことができます。

心地よい夫婦関係には、日々のおしゃべりタイムは大切です。「なんでもないこと」をちょくちょく話す。これほど夫婦のきずなを深めるものはありません。オススメの話題は、子ども時代のこと。忘れていた心の傷に気づき、癒すキッカケにもなることも多いのです。

妻はたぶん今、一生懸命。そんな時、愛のシャワーをかけてあげられるのは夫のあなたです。もし意見が食い違ったり、話が噛み合わない時は、「ごめんね、わかってあげられなくて」このひと言で、妻の心は安らぎます。

処方箋

「ちゃんと聞いてるよ」と、妻にわかりやすく伝えていこう

事例

06

求めてこない夫

結婚19年：夫（52歳・金融会社営業）妻（52歳・販売パート）長男（16歳・高校生）長女（14歳・中学生）

妻の言い分

愛があるなら、行為はできる

夫の言い分

愛はあるけど、行為はできない

相談事

誘っても断られて、もう2年以上セックスレスが続いています。私は以前よりだいぶ太ってしまい、なんとかしてこの状況を変えたいと、ダイエットに挑戦してもうまくいかずかえって前より体重が増えてしまう始末。最近では夫から女と

して拒絶されているようで、やりきれません。夫に復讐心すら覚える私はどうしたらいいでしょうか。

ポイント

・夫婦でも、断るのはハードルが高い
・メンツを潰されると、「復讐心」が燃え上がる
・セックスについてモヤモヤする自分の気持ちを受け止めよう

解説

セックスレスはとても繊細な問題です。誘って断られると、まるで自分の全てが拒否されたように感じたり、逆に夫から誘われて断ると「妻なら応えるのが当然」のように振る舞われてひどく傷ついたり。誰にも相談できず悩んでいる方は、とても多いのです。

夫婦が傷つけ合う原因の一つに、「理由を伝えてきちんと断るむずかしさ」があります。

言語心理学では**ポライトネス理論**と呼ばれるもので、人は日々、相手の**「メンツ」**を守ることを意識して行動します。でも「断ること」は相手のメンツを傷つけます。それも、セックスという、相手のプライドを賭けたようなお誘いです。どうしてもモゴモゴとしか断れず、余計に相手を傷つけます。そうなると、夫婦でも**「復讐心」**が湧き上がるのは、ある意味自然な流れです。

そして、人は心の痛みがひどい時、はっきりした理由が欲しくなるもの。なぜセックスを断られたかモヤモヤしたままでは不安なのです。そこで理由の**「心当たり」**をつける。「そうか、私、太っちゃったからだ。それが原因」と思えれば、スッキリします。行動もしやすくなるのです。

ただ、現状で大切なのは、一旦**夫と距離を取る**こと。実は、そのために**一番に手放すべきなのが、この「復讐心」と「心当たり」**です。

復讐は、夫ありきで出来るもの。この気持ちがあると、夫の存在が必要以上に大きくなってしまいます。また「太った私」を責める気持ちは、自分をどんどん小さくします。本来の自分の魅力を取り戻さないと、**追跡**を止めるのが難しくなってしまいます。

そのために今必要なのは、**夫と「ちょっと他人」な関係を作り出**すこと。距離を取るのに最適な方法です。まずは、夫にいつもより他人行儀にていねいに話す。家でもメークをして、服もちゃんとする。一人で旅行に出たり、食事したり、趣味を始める。自分を満たし、落ち着いて、視線を夫から外すことです。

もう追いかけてこない妻を見て、夫は「あれ？」って思うはず。自分軸を取り戻したあなたの変化をまぶしく感じることでしょう。

心が落ち着いたら、大切なのはやっぱり本音で話すこと。セックスについてお互いにどう感じているのか、どうしたいのか、なぜあの時断ったのか、ちゃんと話し合いましょう。

そんな気持ちは全然なくても、相手を深く傷つけてしまっていることはあります。**パートナーが「傷ついた」と言う時は「いやいや、そんなつもりはなかっ**

た」ではなく、「ごめんなさい」とあやまりましょう。そうやってずっと抱えこんでいた痛みを分かち合い、お互いに「わかってもらえる」体験を積み重ねて、夫婦の根っこは強くなります。

処方箋

セックスをタブーにせず、勇気を持って話し合おう

逃走中夫婦のコミュニケーションと心のワーク

「逃走中夫婦」のパターンにはまっている時、**追う側は立ち止まって冷静に話す。追われる側は向き合って気持ちに寄り添うこと**が大切です。そのために役立つポイントをまとめました。コミュニケーションと心理面とに分けて書いているので、参考になさってください。

コミュニケーションのワーク

1．ズレないコミュニケーションのポイント

食事の好み、お風呂の温度、暑がり寒がり……。夫婦歴も長くなると、互いに言わなくてもわかること、たくさんあります。だけど人は少しずつ変わります。夫婦歴が長くなっても、何かの拍子に「え、そんな風に考えてたの？」とビックリすることも。相手をわかっていると思い込んでるだけに、「本当にわかる」の

はむずかしくなります。ズレずなく分かりあうための、ポイントをお伝えします。

●互いに話の「内容」だけでなく相手の「気持ち」をわかろうという意思をもって話を始めましょう。

●少しでも「あれ?」と思った時、わかったつもりにならず確認しましょう。こまめな質問、繰り返し、言い換え、「それって、こういうこと?」が、会話のズレを防ぎます

●話し合いの時は、どうしても自分の「言いたいこと」が先走ります。相手の話をさえぎらず、最後までちゃんと聞くことを意識しましょう。

●お互いに気持ちよく話すためには、同じくらいの時間話す、同じようなペースで話す意識も大切です。夢中になって話しすぎるかもしれない時は、タイマーなどで確認しましょう。

●黙りがちな相手には「どう思う?」と聞いてみたり、「うんうん、そうだね」と励ますことも大切です。

●なるべく具体的に話しましょう。「昨日、あなたに無視されて悲しかった」ではなく、「昨日の夕食の時、私は○○と話しかけたけど返事がなくて、どうで

もいいのかなと思った」と言いましょう。

●反射的に答えると思わぬ誤解が生まれがち。「少し考えさせて」と間を置くことも大切です。

●せっかく話しても、内容を忘れてしまってはもったいない。大事なポイントはメモに残しましょう。

ズレをなくす特効薬は、やはりこまめに話すこと。お互いの「今」の気持ちを知るために、たわいのないおしゃべりをマメにすることが大事です。

2.「自分が追いかけてる」と感じる時のコミュニケーション

相手に対して「もっとわかってほしい」「もっとちゃんと聞いてほしい」と思う時は、自分の「話し方」にも注意を向けてみましょう。聞く側にとってわかりやすく、シンプルな話し方のコツをお伝えします。

・自分の表情、声、態度をチェックする

話す前からしかめっ面、トゲトゲしい声、ため息を繰り返すなどは相手にプレッシャーを与え、逃げ出したくなる原因になります。鏡の前で笑顔の練習をしたり、自分の声を録音して聞いてみたり、「聞きたくなる話し方」の工夫をしましょう。

・結論を先に伝える

相手が内容を理解しやすくなるように、最初に話の要点や結論を簡潔に伝えましょう。その後、具体的な理由や背景を補足すると効果的です。たとえば「今週末、空いてる？　家族でお出かけしたいと思ってるんだけど、どうかな？」と聞くと相手にもスッと伝わります。「最近あなた、ずっと忙しいじゃない。私もいろいろ大変なんだけどね……、たまには家族でどこかに行きたいの」などという遠回しな言い方は避けましょう。

・短く区切って話す

一度にたくさんの情報を詰め込むと相手が混乱してしまうこともあります。話は短めに区切り、相手のリアクションを確認しながら進めましょう。

・ストレートに言う

頼み事をする時、相手の気分を傷つけない様に気をまわし過ぎると要点がわからなくなります。「確か昨日も私が食器洗ったんだけど……」よりも、「食器洗ってくれる？　今、手が離せなくて」の方がずっと「ＹＥＳ」と言いやすいものです。

・ＮＯをはっきり言う

イヤなことはイヤとはっきり言いましょう。自分のイヤだという気持ちにその場では気がつかないこともよくあります。そんな時には、後からでも「あの時はイヤだった」と伝えます。言いづらいかも知れませんが、あなたの気持ちに気付いてもらうことはとても大切。悪気はなくても、相手から傷つけられる状態をそのままにしてはいけません。

心のワーク

1．承認の「あ・い・う・え・お」まずは自分に。それからパートナーへ

「こんなにがんばってるのに、わかってもらえない」「感謝してもらえない」と

感じる時は、まずは自分を承認して、心の元気を回復しましょう。そうすれば、パートナーを承認する余裕も生まれ、夫婦はきっとうまくいきます。言葉がけのポイントは「あ・い・う・え・お」、まずは自分に対して、パートナーへはその後に、です！

・「あ」りがとう

まずは、毎日一生懸命な自分自身に感謝しましょう。「疲れてるのにがんばった！　ありがとう」「家族のためにごはんをつくった！　ありがとう」と声をかけ、心を満たしましょう。

・「い」いね！

あなたが何か始めようと思った時、心の中で「……でもね」と返すクセがついていませんか。「でもね」は、できない理由を探し始める言葉。「いいね！」は、うまくいく力付けの言葉です。まずやってみる方が、しあわせを感じやすいもの。「いいね！」で自分の背中を押してあげましょう。

・「う」れしい！

何かうれしいことがあったら、子どものように「わ〜！　うれしい！」と、できれば声に出して喜びましょう。ぴょんぴょん飛ぶのも効果的。最初は恥ずかしいかも知れません。でも喜べば喜ぶほど、しあわせパワーもアップします。

・「え」らい！

たとえば、雨の中買い物に行き、ビショビショで家にたどり着いた時。自分に金貨を贈るイメージで「えらい！」と声をかけましょう。心はパッと晴れ渡ります。

・「お」いしい！

人が「おいしい！」と感じるのは、リラックスして食事を楽しんでいる時。料理までがんばりすぎると、しんどいです。自分の「ラク」を優先して、毎日の夕食作りは「カンタン」でＯＫ。あなたに笑顔が戻る時、家族も「おいしい！」と感じるものです。

2. 日常の癒し

心が癒されると、しあわせは「摑まえるもの」から「感じるもの」に変わります。一輪の花の美しさ。コーヒーの香り。さわやかな秋の空。どこかに出かけた

癒しのリスト

・部屋に観葉植物を置く
・リラックスできる音楽を聞く
・軽い運動をする
・朝陽を浴びる
・お気に入りのドリンクを丁寧にいれる
・なつかしいアルバムを見る
・アロマをたく
・散歩に行く
・瞑想する
・空を見上げる
・深く呼吸する
・好きな本を読み返す
・お風呂にゆったり入る
・部屋の空気を入れ替える

など

り、特別なことをしなくても、今ここにあるしあわせを受け取れるようになります。

不思議なことにそうなると、パートナーのアレコレも以前より気にならなくなります。忘れていた良いところだって、フイに思い出すかも知れません。上記はいつでもできる癒しのリスト。心がざらつきがちな時、試してくださいね。

3．心の声を聞く：感情日記

自分の気持ちを書いていくのが感情日記。項目は、いつ、何があって、どんな気持ちになったか。最初はあまり書けないかも知れません。そんな時は「買い物に行った」「仕事した」など事実だけでも大丈夫。少しずつ、気持ちも書けるようになっていきます。

日記が習慣になると、自分の感情のパターンに気づけるようになります。たとえば、あの人と会った後はいつもイライラしてる。週末は元気だけど日曜の夜は不機嫌になる。こんなことで傷つく、など。自分の感情のツボがわかれば、イヤな感情の予防もできます。

日記に書くことで、今までフタをして見ないようにしていた悲しさやさみしさにも気がつき、夫婦の会話も深まります。書くことがきらいじゃなければ、毎日5分でも、試してみてください。

第2章

対立夫婦

事例

07

金銭感覚が違う夫

結婚25年：夫（57歳・家電量販店勤務）妻（51歳・医療事務）長男（23歳独立）長女（21歳大学生）

妻の言い分

これからが正念場！老後のためにお金を貯めておかなきゃ！

夫の言い分

これまで真面目に働いてきたんだから、趣味にお金を使いたい！

相談事

私は堅実にお金を使いたいので、趣味にもあまりお金をかけないようにしてい

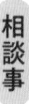

ます。けれども夫は、趣味にお金を注ぎ込みます。「老後の資金が心配だから」と言っても馬耳東風。好きにお金を使おうとする夫に、腹が立ちます。

ポイント

・金銭感覚は、親から受け継いだ価値観
・家計については夫婦で定期的に話し合う
・計画は柔軟に進めていく

解説

金銭感覚は、親から自然に受け継いだ価値観の一部ともいえるものです。「お金は慎重に使うべし」という考えもあれば「必要な時、お金は惜しまず使うべし」という考えもあります。それが子ども時代からしみついていて、いつの間にか自分の信念のようになっていることもあります。だからこそ夫婦の場合、「そんなお金の使い方、人として信じられない」といった極端な反応にもなりがちです。

また、夫婦の片方が「自分の方が負けている」と感じている場合、お金の主導権を握ってパワーを取り戻そうとすることもあります。事例の場合、夫は趣味にお金を使うことでしっかり者の妻に、無意識に「仕返し」している可能性があるかもしれません。

対立夫婦のパターンにはまっている時、役に立つのが**「二人の間に橋をかける」**というイメージです。

まずは老後への不安を感じている自分をしっかりわかってあげましょう。その気持ちは当然、夫から無視されるべきものではありませんよね。同じように、夫が趣味を楽しむ気持ちも「無駄遣いばかりして、全く理解できない！」と突っぱねるばかりではなく、少し歩み寄る意識を持ちましょう。

その方法として、たとえば夫の趣味の場に足を運んでみる。あなたにとっては知らなかった世界です。新しい発見があるかもしれません。また、一緒にやってる仲間を見れば安心感も芽生えます。「こういうものに、こんな風にお金がいる」とわかってくると、快く思えなかった夫の出費も前ほどは気にならなくなるものです。

その上で、話し合いは必要です。あなたが老後の資金の心配をするのは夫婦のしあわせを考えているから。この心配をできるだけ小さくしていく方法を二人で模索していきましょう。

この際、家計簿をテーブルに載せて、現在の貯金額、年間の支出、収入、今後必要になるお金などを夫婦でしっかり割り出してみてはいかがでしょうか？　こういう暮らしをするにはこれだけの支出があって、これだけの節約が必要、それができればこれだけは趣味に使えるなど、目標を共有する。まず2、3ヶ月はその目標でやってみて、うまく行かないようなら柔軟に修正していきましょう。また、そこには**「楽しさ」**も必要です。ゲーム感覚を取り入れたり、目標が達成できたら一緒に「バンザイ！」したり、ごほうびをあげたり。小さな工夫を重ねましょう。

ただ、**目標を共有しているとはいえ、お互いへの干渉しすぎはNG**です。家計の一部をそれぞれの楽しみのために確保し、その範囲内なら自由に使うというルールを決めれば、二人ともスッキリ、エンジョイできます。

時間とお金は、基本的には夫婦共有の財産です。これからの人生を二人でより豊かに生きるために、夫婦で賢く使う方法を考えましょう。

処方箋

金銭感覚の違いに橋をかけて、二人とも納得できる方法を考えよう

事例

08

アドバイス夫

結婚24年：夫（50歳・不動産鑑定士）妻（49歳・管理栄養士）長男（21歳アルバイト）長女（20歳大学生）

妻の言い分

余計なお世話！　頼んでない！

夫の言い分

良かれと思って言ってるのに！

相談事

夫は、頼んでもいないのに私にアドバイスをしてきます。先日も探し物をしていたら「普段からもっとちゃんと整理してれば、探す手間も省けるのに」などとわかりきったことを言ってきます。小言を言うくらいなら一緒に探してくれた方がずっと助かるのに！「君のためを思って言ってるんだ」と偉そうな夫に、ムカムカして仕方ありません。

ポイント

・対立期の夫婦は、ストレスMAX
・要らないアドバイスは、自分で決める権利を奪うもの
・夫婦に必要なのは、「お互い、がんばってるよね」と認め合う感覚

解説

対立期の夫婦はとにかく仕事や子育てで忙しく、ストレスMAX状態。イライラしているから、相手をついコントロールしようとします。「自分のやり方でやりたい！」という気持ちが強く、相手の気持ちには目が向かない。だから、パートナーにも要らないアドバイスを押し付けてしまうのです。

一方、アドバイスされた方は「頼んでもいないのに、なぜ私の問題に入り込んでくるの？」と不快感を覚えます。これは**「自立性の侵害」**といって「自分の行

動は、自分で決める」という権利を奪われたように感じ、さらには相手から「言わなきゃ出来ない人」と見下されたようで腹が立つのです。

とにかくいがみ合いがちな対立期の夫婦。そんな二人に足りないものは、「お互い、いろいろあるけどがんばっているよね」という感覚ではないでしょうか？夫婦は、もともとは敵同士ではありません。本当は、しあわせな人生に向かって共に進んでいく仲間同士。家族の笑顔を実現するためにタッグを組んだ、いわば「同僚」なのです。

このついつい忘れがちな**「同僚意識」**を育てることが、不要なアドバイスの良い対策法になります。そのためにオススメなのが夫婦のグチタイムを習慣的に設けること。グラスを傾けながら心を開いて、ああでもないこうでもないと語り合う。仕事の同僚と語り合うような、あの感覚です。1日5分ずつでも、夫婦で互いに弱音をはき合い、慰め合う時間を作りましょう。

たとえば夕食時、ビールでも注いで「お疲れ様」の乾杯。まずは妻から「今日はどうだった？」と尋ねます。夫が話し始めたら、妻は「そうだったんだね。それは大変だったね」とあいづちを打ちながら聞くようにします。

5分経ったら、役割交代。今度は夫が妻の話を聞きます。妻が「会社でミスをして落ち込んじゃった」と話せば、夫も「それはしんどかったねえ」と、ただ受け止めます。

グチを夫婦が互いに言い合えば、「ただ、聞いてほしい。そして、共感してほしい」という気持ちを自然に受け入れる練習ができます。なにかと「問題解決」のスイッチが入る夫も、素直に気持ちを共有するためだけに聞く。そして自分も聞いてもらう、新しい習慣を身につけられます。

夫婦のグチタイムは、互いに否定されず、受け止めてもらえる安心安全な場。弱くてもいい、ダメでもいい。互いの本音をリラックスしながら理解する、またとない機会です。夫婦でわかり合う第一歩になるグチタイム。ぜひ取り入れてみてください。

処方箋

夫婦のグチタイムで「同僚」の意識を育てよう

事例

09

キッチリ夫

結婚27年：夫（55歳・銀行員）妻（55歳・パート事務員）長女（24歳）次女（22歳）は共に独立

妻の言い分

そこまでキレイにしたいなら、最初から全部自分でして！

夫の言い分

もっとキレイにそうじしてくれ

相談事

夫は昔からすごくキッチリした性格。細かいところまで気になって、私がそうじした後もやり直すことがよくあります。最近、この傾向に拍車がかかっています。「ここ、きたないな〜」などとブツブツ言いながら休日にダスキンをかける夫を見ると、背中をド突きたくなります。

ポイント

・完璧主義者は欠点が目につきがち
・そうじは一つの場所に集中してもらい、焦点効果で他への不満を小さくする
・感謝や承認で、夫の心をふくらます

解説

一般に、過度なキレイ好きには**完璧主義**の方が多く、物事や自分自身に高い基準を持っています。「こうであらねば」という思いが強いから、普通なら「十分キレイ」と言える部屋でも、「窓のレールに汚れが……」「部屋の四隅にホコリが……」などと細部が目につきます。文句のタネがあれこれ出てくる。端から見れば「一緒に生きにくそうな人」。それが完璧主義者です。

夫は銀行員という仕事柄、こういう資質は必要ですし、それゆえ評価されてもいるはずです。これまでの人生、この性格でちゃんと成果を出してきた。完璧主義はある意味、ご自身の核。夫の生き方そのものなのかもしれません。

それならば、夫のこだわりを長所として思いっきり発揮できるように工夫をしてみませんか？　たとえば、トイレ、玄関、洗面所など、一般的に風水で家の重要とされる場所のおそうじ担当者になってもらうのです。「やっぱり、家の要はお父さんにお願いしたい」と、夫のプライドを立てて心ゆくまでおそうじに励んでもらいましょう。

人には、**焦点効果**という心理があります。たとえば、すごくお料理が美味しい旅館なら、部屋から見える景色が今ひとつでもあまり気にならない。逆に温泉や景色が素晴らしければ、お料理がそこそこでも気にならない。とても満足している点があると、人間はその満足感に焦点を当てるため、他の不足があまり気にならなくなる特性があります。

事例の夫にとっての焦点効果は、たとえば自分が手塩にかけて磨き上げたトイレ。そこがいつもピッカピカなら、他の部分にはあまり気を回さなくなるはずです。

ただし、**完璧主義者は一つ終えたら次、それを終えたらまた次と、際限なく達成感を求め続けがちです**。「ここはできたかもしれないが、まだまだやるべきことがある。なのにやっていない！」と感じ、四六時中、自分を責めるような苦しさを感じてしまう。そして苦しくなると、周りも責めます。「君のそうじがなってない！　それくらいちゃんとやってくれ！」なんて文句が出てくるのは、このためです。

そんな夫に充足感を与えられるのは、やっぱり家族。ピカピカになったトイレを眺めて、「やっぱりお父さんのおそうじ力はすごい！」「いつもトイレがキレイで気持ちがいい！　ありがとう！」という感謝と共に常々褒めたたえる。ポジティブな感情を抱きにくい夫の心を満たしてあげられるのは、あなたと家族の笑顔です。こうして承認されれば、常に何かに追われて走り続けているような夫の心も、少しずつ落ち着いてくるでしょう。

完璧主義者のつらさは「今ここにいない」こと。過去への後悔と、未来への不安にさいなまれ、今この瞬間を楽しめないことです。家族の笑顔は、夫を「今ここ」に呼び戻す最大の贈り物です。

処方箋

キッチリ夫のキッチリ力は、持ち場を決めて発揮してもらおう

事例

10

口先だけあやまる妻

結婚18年：夫（48歳・百貨店バイヤー）妻（49歳・英語塾講師）

妻の言い分

あやまったじゃない、しつこいのよ！

夫の言い分

ちゃんとあやまってもらった気がしない！

相談事

妻は、他の人にはちゃんとあやまるのに、私に対しては絶対にきちんとあやまろうとしません。明らかに向こうが悪い時でも文句を言うと「はいはい、ごめんごめん」とか「しつこいのよ、いつまでも！」などと返してきます。こんなやり取りが続きケンカが絶えません。

ポイント

・無理にあやまらせようとしない
・日頃からリペアアテンプト（ケンカの修復努力）法について話し合っておく
・相手の修復努力は、邪魔しない

解説

絶対あやまれない人って、いますよね。あやまれば自分のパワーやコントロールを失ってしまう。主導権を相手に取られる。立場が弱くなる。妻もそんなふうに感じて、これまでやってきたのかも知れません。

「あやまったら死ぬ病」って聞いたことはありますか？　もちろん、本当の病気ではありませんが、こんな言葉があるくらい「死んでもあやまりたくない！」という人は、実は多いもの。「あやまったら死ぬ病」は不治の病とも言われています。この点で妻を変えられる可能性はとても低いのです。

もちろん、しつこく食い下がって妻から無理矢理「ごめんなさい」の言葉を引き出すことは不可能ではありません。でも、そんな強制力を使った末に得られるものは、「はいはい、ごめんなさい、すみませんでした！　これでいいんでしょ！」なんていう、謝罪の「しゃ」の字も感じられない捨てゼリフ。または「仕方ないじゃない、こっちだってストレスたまってんのよ！」なんていう逆ギレ。これじゃあ、夫婦のムカつきあいはエスカレートするばかりです。

こんな時の有効な方法を、心理学者ジョン・ゴットマン（John Gottman）は**リペアアテンプト（修復努力）**という言葉で解説しています（＊）。口論がエスカレートしそうな時、ブレーキを踏み込もうとする努力です。方法はいろいろですが、たとえば

・一時停止する

「少し落ち着きたいから」と言って離れる。

・相手の意見を部分的にでも認める

「まあ、たしかにあなたの考え方もわかる」など。

・接触する

妻の背中に手を置く。肩に触れる、など。

・ユーモアを使って話題を変える

「やめた、やめた。しょうがないな〜もう。アイス買ってくれたら気分が収まりそうなんだけどな〜」など。

（その他の方法は、p115の「ケンカの対処法」を参照してください）

「自分は正しい、相手が間違っている」という意識にとらわれていると、怒りはなかなか収まりません。ゴットマンが提唱しているのは、自分の怒りも相手の怒りも真正面から受け取らずに、まずは受け流そうと努力する方法です。

そのために**大切なルールは、リペアアテンプトをしている相手のじゃまをしないこと。**なんとかクールダウンしようとしている相手の努力を察した時は、「また逃げる！」と怒らずに、いったん受け入れようと約束しておくことです。

ケンカは無理におさめようとしない。ウヤムヤのまま終わらせて、気分を直す努力をする。ケンカの本当の理由については、後からちゃんと話し合う。こういうサイクルが生まれると、夫婦のコミュニケーションは軌道に乗っていきます。

処方箋

ケンカはウヤムヤのままで終わろう

＊ Gottman, J. M. (1999). *The Seven Principles for Making Marriage Work*. New York: Crown Publishers.

事例

11

娘を結婚させたい妻の気持ちを逆撫でする夫

結婚35年：夫（61歳・電気メーカー管理部門）妻（59歳・販売パート）
長女（33歳）長男（30歳）次男（25歳）全員独立

妻の言い分

このままじゃ心配、父親としてもっと介入して！

夫の言い分

娘は娘の人生、心配しても仕方ない！

相談事

悩みはなかなか結婚しない娘に対する夫の態度です。私は将来のことを考えて少しでも早く娘に結婚してほしいと思い、煙たがられながらもちょくちょくプレッシャーをかけています。でも夫は「娘には娘の人生がある。口出ししても仕方ない」と言い協力してくれません。ノホホンとしている夫を見ると、腹が立って仕方ありません。

ポイント

- 「投影」は、自分では受け入れたくない感情を、まるで相手が感じているように捉えて自分を守ること
- 自分の中にあるイライラの原因に気づく
- 我慢しないで、良かれと思うことはやる

解説

子どもの結婚は、ある意味、親として子育ての一つのゴールです。母親として年頃の娘に早く結婚してほしいと願うのはごく自然な感情です。一方で「結婚だけがゴールじゃない」というのも親として真っ当な意見。この「どちらも間違っていない意見」で対立し、ケンカになるのが夫婦です。

ではなぜ、お互いに一理ある意見を認め合えないのでしょう。その謎を解く鍵の一つが**「投影」**です。自分では受け入れたくない感情を、まるで相手が感じているように捉えて自分を守ります。本当は自分がイライラしているのに、相手がイライラしているように感じて一層腹立たしくなる、というのは夫婦ゲンカではよく起こります。

なので「腹が立って仕方ない」という時、まず「このイライラはどこからくるか？」と自分の心を振り返ってみることが大切です。

もしかしたらそれは夫への直接の怒りではなく、

- **「女は結婚してこそ一人前」という自身の思い込み**
- **「自分が年を取る前に、娘には結婚して安定してほしい」という老いへの不安**
- **「娘が結婚しない道を選べば、自分の人生が否定されるように感じる」という怖れ**

だったりするのかも知れません。さらに「結婚などの重要なトピックに関して、夫婦の意見は一致すべき」という思い込みもあるかも知れません。

でも、夫婦でも個人として自分の考えを持つのは当たり前。片方が自分の意見を押し付けていては、夫婦の溝が広がるばかりです。

対立夫婦には相手をコントロールし「自分のやり方でやりたい」という気持ちがあります。家族のしあわせを目指すなら、そんな自分に気づき夫に一歩近づいて話してみましょう。どうしても娘を心配してしまう自分の気持ち、さみしさや老いへの不安を、敵ではなく娘のしあわせを願う同志として理解し合うための時間を持ちましょう。古いアルバムを一冊準備すると、会話の助けになりますよ。

その土台が出来れば、夫婦で意見が違っても大丈夫です。「娘を放っておけない」。それがあなたの本心なら、ストレートにそう伝えましょう。マッチングアプリや結婚相談所などのオススメの情報があれば、娘に知らせてみる。そうすればあなたには「やるべきことはやった」という満足感が残るし、案外それが娘さんの行動のきっかけになることもあります。誰かに背中を押してもらうことも、結婚のように思い切りが必要な時には大切です。

そして、「母さんはやっぱり心配しているんだよ。でも、俺は自分の好きな様に生きたらいいと思ってるからな」と言ってくれる父の存在が、娘さんの心の避難所になります。

夫婦の意見が違うからバランスが取れるのです。意見の違いは違いのままで「ああ、そうくるか」と受け止める。違いは夫婦の財産です。

処方箋

夫婦の意見は違っていい。そこに価値があります

事例

12

何かと大声でかぶせてくる夫

結婚3年：夫（54歳・割烹料理長　離婚歴あり）妻（50歳・会社員　初婚）

妻の言い分

大声出すオトコって最悪！

夫の言い分

そんなに大声は出してない！

相談事

夫は普段は無口でやさしい人。でも、私が夫に対して意見を言おうとすると、すぐに上から大声でかぶせてきて話になりません。「大声はやめて」と言っても、全く変わる様子なくマウントを取ってくる夫にイライラします。

ポイント

・夫を「叱り依存」にさせない決意を持つ
・心理的境界線を引いて、自分を守る
・一方がガッと来た時、引き下がらない強さも必要

解説

マウントを取るとは、もともとは動物が「自分の方が上！」と上下関係を示す行為です。偉そうに説教する。相手の話をさえぎる。上から目線で物を言う、など。された方は「ホント、不愉快！」になりますよね。

世間には「大声で叱る上司」や「声を荒げて指導するコーチ」はまだまだ存在します。「雷オヤジ」はさすがに少なくなりつつありますが、夫の体内には「叱る文化」が染み付いているかもしれません。

今、あなたが注意すべきは**夫を「叱り依存」にさせないこと**です。とっさに「うわ、また夫の大声！　嫌だ、早く終わらせたい」と思って理不尽な大声に目をつぶって、**「大声さえ出しときゃ、妻は黙る」という成功体験を夫に重ねさせ**

ないことです。まだ結婚3年目です。今が、あなたの中に夫に対する「嫌悪」をため込むか、「ケンカをしてもスッキリ」の関係でいられるかどうかの分かれ道と捉えてください。

スッキリいられる一つの方法は、夫と自分との間に**心理的境界線を引くこと**です。夫婦のような近い関係では、自分と相手の心の境目が曖昧になりがちです。そうすると相手が無理を言っても、自分の気持ちを後回しにして言うことを聞いてしまい、自分の心と身体を守れなくなってしまう場合も出てくるのです。心理的境界線を引くことで「私はこう扱われるべきではない」というメッセージをはっきりと夫に伝え、自分自身の尊厳や価値を守ることができます。

少々厳しく聞こえるかも知れませんが、夫婦が「対等」にいるためには、一方がガッと踏み込んで来た時に引き下がらない。そんな強さを見せることも必要です。

以下は、Iメッセージをベースに、心理的境界線を引くための会話サンプルです（Iメッセージについてはp117で詳しく触れます）。

①本題に入る前に、あなたから攻撃されていると夫が誤解しないように目

的をしっかり伝えます。

「今日は、あなたと私がもっとしあわせになるために話したいの。それを忘れないで、最後まで黙って聞いてくださいね」

②事実の描写、それによる影響、素直な感情を伝えます。

「あなたが大きな声を出すと（事実の描写）、私は怖くて言葉が出なくなって（それによる影響）、自分が情けないしとてもつらい気持ちになる。あなたと笑顔になれない自分がつらい（素直な感情）」

③具体的な行動を求めます。

「だから、そうならないように、話し合う時はお互いに声を大きくしない、大声になった場合は、話はいったんそこでやめて、少し時間を置いてまた話すと決めたい」

④もしもこの境界が守られない場合、どうするか伝える。

「もしまた大きな声を出したら、私はその場を離れることにする」

※同じことが起きたら、宣言したとおりその場を離れる。淡々と同じ態度を取り続けることが大事。

処方箋

自信をなくした夫を守れるのは、横にいる妻だけ

「叱り依存」にはまるのは、毎日がつらい時や、自分に自信が持てなくなった時です。普段は無口でやさしいという夫であれば、「大丈夫。私はずっとあなたの側にいるよ」、本当は妻のそんなひと言が、一番の救いになるかもしれませんね。

事例

13

料理後の「ぱなし行動」がやめられない夫

結婚35年：夫（62歳・獣医師　動物病院経営）妻（64歳・動物病院事務）長男（31歳独立）

妻の言い分

食事を作る＝キッチンの片付けまでやるコト

夫の言い分

食事を作る＝料理するコト！

相談事

最近やっと夫が料理を手伝ってくれるようになりました。それは嬉しいのです

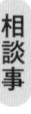

が、問題は、料理後。汚れまくったキッチンや、ギトギトのフライパンやヌルヌルのまな板が置きっぱなしのシンクを見ると、ため息しか出ません。それでも「どうだ！　料理を作ってやったぞ」とドヤ顔の夫に、イライラが止まりません。夫には料理からいっさい手を引いてもらった方がいいのかと、真剣に悩んでいます。

ポイント

・キッチンが「妻の領域」のままだと夫のやる気は出にくい
・キッチンを「夫婦の領域」に変える
・おそうじの重要ポイントはしっかり共有する

解説

夫の「キッチン汚しぱなし行動」が起きる大きな理由は、「そのままにしておいても、妻がそのうち片付けるだろう」という妻への甘え。キッチンは自分の管轄外で、「妻の領域」という意識がどこかにあるから、他人事なのです。

人は「自分のもの」と感じる場所には注意を払い、キレイに保とうと努力するものですが、自分のものではないと感じる空間には、責任感や愛着が低下し、そうじへのモチベーションも下がります。

特にこの世代の男性の多くは「男子厨房に入らず」で育ったはずです。料理をしたとしても、キッチン全体の管理や後片付けに対する「責任感」や「義務感」はどうしても薄くなりがちです。

そんな夫への対処法は、**キッチンを「妻の領域」から「夫婦の領域」に変える**ことです。

オススメの方法は次の4点です。

①料理を楽しめる環境作り

夫に相談しながら、植物を置いたり、カッコいいメンズエプロンを買って壁にかけたり、夫のセンスを取り入れたキッチングッズをそろえたり、キッチンを夫の興味を引く場所に変えていきましょう。

②「片付いた状態の判断ポイント」の共有

妻にとってOKなキッチンの状態と、夫が「こんなもんでいいだろう」と思うキッチンの状態には、相当なギャップがあります。できれば夫婦で「キッチンおそうじDay」を設け、コンロの油をふく／お鍋は乾かしてしまう／布巾は洗って干す／シンクのゴミは必ず捨てておくなど、あなたが大切にしているおそうじのポイントを一緒にやってみましょう。目指すべき「キレイな状態」が夫の中で腑に落ちることが大切です。

その後、夫に「そうじのやり方で、何かわからないことある？」と聞くことも忘れずに。妻にとっては当たり前でも、夫にとっては初めてのことも多いはず。ポイントはメモにして、目につきやすい場所に貼っておきましょう。

③おそうじ後のご褒美タイムの習慣化

おそうじの後は、「きれいになったね〜ありがとう」と、夫の好きなものでご褒美タイムを設けます。おそうじが、イヤイヤするものから、「大変だけど、その後が楽しみ」というポジティブなものに変わります。

④便利なサービスの利用

多少経費がかかりますが、料理初心者の夫を力強くサポートしてくれるものとして、レシピ付きの食材デリバリーもあります。指示通りにやれば誰でもおいしく作れるし、分量が決まっているのでゴミの量も少なく、キッチンが汚れずにすみ、妻のストレスも軽減できます。

料理は家事の中でも負担が大きいものの一つです。定年を間近に控えた今、夫婦でどう向き合うか、ぜひ話し合ってください。

処方箋

妻だけのキッチン愛→夫婦でキッチン愛を育てよう

事例

14

「あなたはいつもそう」と決めつけ合う夫婦

結婚22年：夫（52歳・塾講師）妻（53歳・フラワーアレンジメント講師）長女（21歳独立）

妻の言い分

聞き流してるのは、どっちよ！

夫の言い分

いつもオレの話を聞き流してるから、そうなるの！

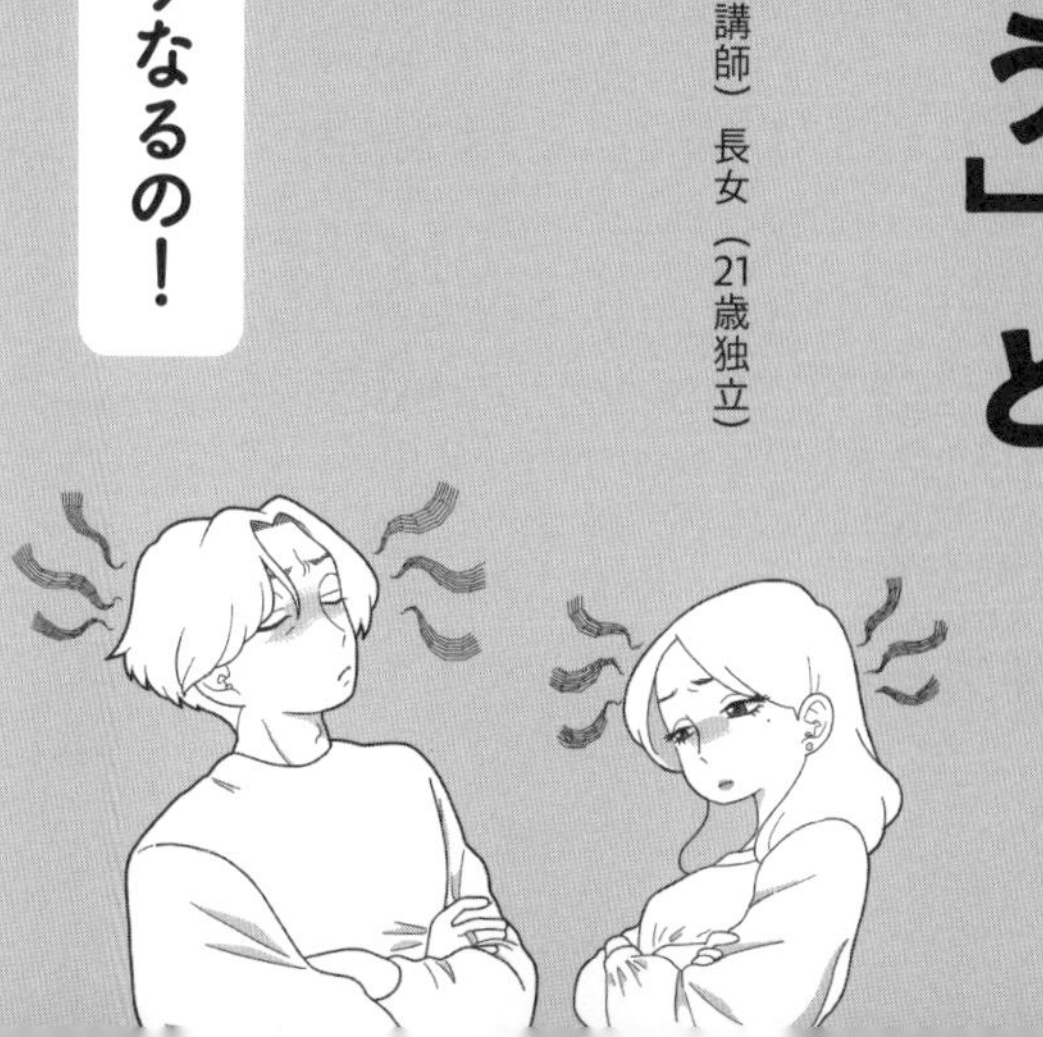

相談事

妻は、年齢のせいか勘違いが激しくなってきました。先日も約束した待ち合わせ場所に姿を見せませんでした。おかしいなと思って携帯を見たら何回も妻から着信が。かけ直すと「どこいるのよ！」という怒り声。妻は近くの別の場所で待っていました。その後は「人の話をちゃんと聞かないからよ」「何言ってんだ、間違ったのはそっち！」と激しい言い合いに。最近はこんな事が続いてウンザリです。

ポイント

・読心術とは、相手の考えや感情を根拠なしに推測し、それを事実として捉えてしまう思考パターン
・この思考パターンで夫婦はイライラする
・自分の思考パターンを時々は点検しよう

解説

「相手が何を考えてその行動をしたのか、自分にはわかる」という無意識の信念。これは**「読心術」**と呼ばれます。この「読心術」は夫婦関係をむずかしくする認知のゆがみの一つです。

事例では、互いに互いを待ち疲れイライラ状態の夫婦が登場しますが、それは、ただ待ったという事実にイラつくのではありません。「まったく、妻は（夫は）いつもこうだ。人の言うことをちゃんと聞かないから、こうなるんだ！」と、相手の行動に理由をつけ、その理由に頭に来ているのです。

多くの夫婦は相手に対する自分の見立てを疑うことなく暮らしています。良きにつけ悪しきにつけ「この人はこういう人だ。自分はわかっている」というベースがある方が、心理的に安定し、楽でいられるからです。

相手に対する見立ては年月が経つほど強固になり、それに見合った現実を作り上げます。**自分の見立てに合わない相手の言動はスルーし、軽視する。反面、「ほーら、やっぱりそうだ」という言動はしっかり心に積み重ねる**のです。激しくぶつかり合う対立期を乗り越えたいのなら、ここで長年握りしめた相手に対する見立てを点検しましょう。

そのために大事なのは、ケンカの後の本音のシェア。事例の場合、妻の本音は「前日に体調が悪いと夫が言っていたから、何かあったんじゃないかと心配だった」。電話口でワッと出てしまった怒り、それは夫を思う妻の優しさでもありました。夫も待ち合わせ場所を伝えた時、周りの雑音がうるさかったことを思い出しました。「聞いてなかったでしょ!」「聞いてたよ!」のせめぎ合いだけでは見つけることが出来なかった、もう一段深い思いや事情がここで初めて夫婦に共有されました。

私たちは、たとえパートナーであっても人の心の状態を本当に知ることは出来ません。当たり前のことなのに、夫婦になるとその当たり前を忘れてしまうから不思議です。妻をすぐにわめくヒステリーおばさんと見るのか、夫を心配するやさしい女性と見るのか、それは夫であるあなたの選択です。どうせなら、しあわせに近い方、やさしい姿を選んでいきたいものです。

処方箋

相手の事情をわかろうとする気持ちを大切にしよう

対立夫婦のコミュニケーションと心のワーク

「自分が怒るのは当然だ」

対立夫婦のパターンにはまっている時、夫婦はこう感じています。だからケンカになるし、互いに「自分は変わる必要がない」と思っているので、なかなか仲直りできません。話し方の工夫、ケンカの仕方に工夫が必要です。そのために役立つポイントをまとめました。コミュニケーションと心に分けて書いています。

コミュニケーションのワーク

1．ケンカの対処法

夫婦でケンカするのは、悪いことばかりではありません。本音をぶつけ合うことでお互いを知るチャンスにもなるし、二人の間にたまったイライラのガス抜きにもなります。

でも、毎日がそれでは疲れます。そこで「ケンカをしない」ではなく「ケンカにうまく対処する」ためのヒントをお伝えします。ルールや方法は、自分流が一番。次のヒントを参考に、夫婦で話し合ってみましょう。

①ケンカのルールのヒント

- 相手に「ごめんなさい」を要求しない
- 相手を追い詰めないで、うやむやで終える
- 「どちらが正しいか」にこだわらない
- 「言った、言わない」のやり取りはしない
- 「明らかに自分が悪かった」時は、後からあやまる
- 相手が「ごめんなさい」と言ったら自分も「ごめんなさい」と言う
- これだけは言わないNGワードを決める（お互いの友達についての文句、外見など）
- 相手を茶化さない
- 目の前の問題に集中し、過去のあれこれを持ち出さない
- お互いが落ちついたら、改めて「何が起きたのか？」「どうして怒ったのか？」

など、自分の気持ちを素直に話す

②ケンカを引きずらない方法のヒント

- 中途半端にすると細かいケンカを繰り返すので、イライラは、その場で吐き出す
- 「引きずり」のタイムリミットを決める。たとえば、翌朝は必ず笑顔で「おはよう」と言うと決めておく
- 黙り込んだり、無視したりしない（最もケンカが長引く原因になる）
- 事前に自分の切り替え方法（修復努力）をいくつか決めておく。たとえば、音楽をかける、アロマをたく、好きなものを一口食べる、20分歩いてくる、歌う、踊る、窓を開ける、深呼吸するなど
- その方法を、パートナーと共有しておく
- 切り替えようとしている相手の足を、引っ張らない
- 「どうでもいい相手とは、ケンカにならない」。相手の大切さを思い出そう

2. Iメッセージ（＊）

「あなたはちっとも聞いてくれない」

「君のそういう態度、やめてくれる？」

腹が立つ時、「あなた」を主語にした「Ｙｏｕメッセージ」を使いがちです。その場合、どうしても相手を責めたり指示したりする内容になってしまいます。圧力を感じさせ、相手は自分自身にダメ出しされたようで、不愉快になります。

代わりに「私」を主語にした「Ｉメッセージ」を使いましょう。自分の気持ちを、相手に伝わるように話し、行動を変えてもらう方法です。

「Ｉメッセージ」には３つのポイントがあります。

・行動の説明

相手の行動について、責めるのではなく、「こんなことがある」と客観的に話します。

・影響

その相手の行動が自分に与える、目に見える影響を具体的に伝えます。

・感情

その影響で、自分がどんな感情になったかを伝えます。

「Iメッセージ」にはコツがいります。ちょっと練習してみましょう。

Q．最近帰りの遅い夫。A子さんは仕方なく、本当は二人でやるはずの夕食作りを一人でしています。この状況を変えるには、どう夫に伝えますか？　目標は、夫に行動を変えてもらうことです。怒りをぶつけることではありません。

↓

Answer
①「最近、いつも遅いよね。もっと早く帰ってくれないと困るんだけど」
②「最近、あなたの帰りが遅いことが多くて、私は一人で夕食を作らなくちゃならなくてイライラする」
③「最近、あなたの帰りが遅いことが多くて、私は一人で夕食を作らなくちゃならなくて疲れるのよね」
④「最近、あなたの帰りが遅いことが多くて、私は一人で夕食を作らなくちゃならなくて困ってるの」

一番行動を変えやすいのは、やっぱり④ですね。①はYouメッセージ。②や③は形式上はIメッセージですが、最後に夫を感情的に非難しています。こう言われると夫は「こっちにだって事情があるんだよ」と返したくなってしまいます。「Iメッセージ」のポイントは、**非難がましくなく気持ちを伝える**こと。困っている、悲しい、さみしい、愛されていないように感じる、などは夫の心を開きやすい言葉です。

（「Iメッセージ」は万能ではありません。あなたが落ち着いて話しても相手がカッとして文句を言い出すことだってあります。そんな時は、事例12の「大声でかぶせてくる夫」を参考に、はっきり「やめて！」と宣言する強さも必要です）。

＊トマス・ゴードン『ゴードン博士の人間関係をよくする本』（2002　大和書房）より

心のワーク

1．自信とコントロール

　あなたは、初心者マークのドライバーで、家族を乗せて運転中です。みんな楽しく、ワーワーうるさくなってきました。運転に自信があれば、多少みんながワーワーしても大丈夫。でも自信がない時は、つい「ちょっと、静かにして！」とか「そこにいると、後ろが見えないじゃない！」なんてコントロールしたくなります。

　夫婦でも同じこと。相手をコントロールして「自分のやり方に従わせたい」と感じるのは、自分に自信がない時。これがケンカの種になります。ああ、いま自分は自信ないのかも、と感じたら以下のワークを試してみてくださいね。

①アファメーション

「自分はだいじょうぶ」「きっとできる」「うまくいく」「ついてる！　ついてる！」など、自分に毎日ポジティブな言葉がけをしましょう。

②振り返りノート

昔はできなかったのに今できていることはたくさんあるはず。たとえば、パソコン。携帯。昔できなくて、今はできていますよね。成長した自分を認めてしっかり承認してあげましょう。

また、人生で成功した時のことを思い出すのも効果的。学校のクラブで活躍したこと。職場で活躍した時のことなどを思い出して、あの頃の自信とパワーをもう一度感じてみましょう。

③瞑想

やるべきことをやり遂げて、成功している未来の自分をイメージしましょう。その自分から輝く光のエネルギーを受け取る場面を想像します。アリアリと想像すればするほど、自信が身体に蓄積されます。

④祝う

うまく行った時、成功した時は必ず「おめでとう」と声をかけ、お祝いしたり、自分に何かプレゼントすることを習慣にしましょう。人は出来なかったことばかりいつまでも引きずり、出来たことには実はそれほど注目しないもの。出来た時に大喜びして、「出来る」自分を心にしっかり定着させましょう。

2. 完璧主義を手放すワーク

「ちゃんとしてなきゃ！」「きちんとやらなきゃ！」

誰でもそう感じる時はあります。でも、常にこのモードでは大変です。何をやっても「今回はあれが足りなかった」「ここが出来なかった」と、心から楽しむことができません。また、自分だけでなく周囲へのチェックも厳しくなり「なんでそれくらいできないのよ」と、一緒にいて息苦しい人になってしまいます。

もしあなたがそんな完璧主義タイプなら、以下のワークがオススメです。

- 料理やそうじ、仕事などが終わるたびに「十分だ。よくやった」と自分をほめてあげましょう。時間がなくて、やっつけ仕事でも大丈夫。できてる所はたくさんあります。
- 1日の終わりに今日出来た3つのことを書き出しましょう。たとえば「日記を書いた」なら、ほんの1行でもＯＫ。「読書をした」なら、1ページ読んだだけでもＯＫ。ちょっとだけでも、やったことに変わりはありません。

●あえて「手抜き」してみましょう。たとえば、そうじでは「目立つところだけそうじして今日は終わりにする」や料理なら「お惣菜を買ってすませる」など。きちんと片付けなくても生活は問題なく進むし、手作りじゃなくても美味しいものは美味しいのです。「手抜き」でも問題ないことを実感しましょう。また、ロボット掃除機、カンタン調理機、お取り寄せ食材など、便利グッズを取り入れて、「自分でやらない」気楽さを味わいましょう。

●何か始める時には、大変なことからではなく気楽にできることから始めましょう。断捨離なら、古いＴシャツを一枚だけ捨てる。本棚のそうじなら、一段だけやる。軽めの作業でやる気もアップ。ハードルがグンと下がります。

第3章

瀬戸際夫婦（距離型）

事例

15

息子が家を出て元気がなくなった妻

結婚27年：夫（57歳・地方公務員）妻（53歳・生花店パート）
長女（25歳独立）長男（18歳大学生）

妻の言い分
トンチンカンな励ましはいらない

夫の言い分
励ましたいけど、どうしたらいいか分からない

相談事

半年前、息子が家を出て寮生活を始めました。妻は最初は「気楽でいい」なんて言っていましたが、このところすっかり元気がありません。もともと夫婦で会話もあまりなく、これといった趣味もなく、私とだけの暮らしは退屈そうです。笑顔のなくなった妻が元気を取り戻すために、私に出来ることはないでしょうか。

ポイント

- **子どもが独立した後、親は喪失感や孤独感などストレスを感じることがある**
- **夫婦には、お互いを楽しませるサービス精神も必要**
- **「きれいだよ」「かわいいね」は妻の勇気になる**

解説

一生懸命子育てに取り組んできた親が、子どもの独立がきっかけで何とも言えないさみしさを感じ、無力感に襲われることを「**空の巣症候群**」と呼びます。にぎやかだったヒナ鳥が飛び立った後のガランとした巣。そこにポツンと残された親鳥。今妻は、まさにこの親鳥の心境ではないでしょうか？

これまでの人生、両親ともにまじめに子育てをやってこられたのだと思います。親として子どもには一生懸命。その分、夫や妻には時間もエネルギーもあまり注いでこなかったのかも知れません。家族としては大丈夫でも、夫婦の関係はゆっくりと下り坂になっていた。距離型夫婦では、ありがちな出来事です。

そして今、あなたは遠くから落ち込む妻をこわごわと見ている状態です。もしこれから先、少しでも近付いていきたいのならぜひ思い起こしてほしいものがあります。それは、**お互いを喜ばせたり、楽しませたりするサービス精神**。遠い昔の恋人時代の感覚です。妻の楽しみは何だろう？　どんな時に、何を面白いと思うんだろう？　当時は自然と湧いてきたこんな感覚を、少しでも取り戻し実行する勇気です。

たとえば、もし妻が昔、宝塚に行って感動していたのを思い出したら、「もう一度行ってみたら？」と背中を押す。乗り気そうなら、予定を聞きながらその場で予約してあげる。「子育てをがんばったご褒美に」と、プレゼントしてもらえたら妻だって嬉しいはずです。

新婚時代に夫婦で楽しんでいたことは何だったでしょう？　映画鑑賞なら、好きだった映画を久しぶりに二人で見てみる。昔のアルバムを引っ張り出して、あだったね、こうだったねと話す。チャンスがあれば、若かりし頃のデートスポットを訪ねてみる。そんな時、恥ずかしくても「きれいだよ」「かわいいね」という言葉をかける。「何よ、突然」なんて照れるかも知れませんが、それがどれだけ妻の勇気になるか、世の夫たちは知りません。

一緒に楽しむためには、体を動かすのも良い方法です。ウォーキングやバードウォッチングの会に入る、地域のスポーツチームに入るなど、お互いに楽しめて新しい友人が出来、繋がりが広がるものもよいでしょう。新鮮な気持ちがよみがえるキッカケにもなります。

本当は気になるけど思いが行動につながらないのが距離型夫婦。一歩踏み出す勇気が、夫婦の未来を変えます。

処方箋

サービス精神旺盛だった、あの頃の自分を思い出そう

事例

16

定年後の計画に「NO!」を突きつける妻

結婚30年：夫（59歳・税理士）妻（56歳・専業主婦）長男（29歳独立）

妻の言い分

楽しみにしてたのは、あなただけ…

夫の言い分

楽しみにしてたのに、がっかりだ…

相談事

私は卒業以来地元を離れ、東京でコツコツ生きてきました。家族には、いい父・いい夫だったと思います。そんな私の夢は60歳で地元に帰り、両親の面倒を見ながら心穏やかに暮らすこと。このことは以前から妻にも話し、了承してもらっていました。でも、妻が突然「やっぱり私は東京に残りたい」と言い出しショックです。なんとか妻を説得する方法はないでしょうか？

ポイント

- **地元へのUターンは、夫婦の既定路線になっていた可能性が大**
- **Win-Win 解決法は「私達が共に勝つ」方法**
- **両親も大切。でも「妻の笑顔」はもっと大切**

解説

これまで家族のために働き、60歳で地元に帰りたいという気持ちは伝えてきた。妻もいいと言っていた。それなのになぜ今さら。「なんとかしてくれ！」と言いたくなる、確かにショックな出来事ですよね。

でも夫にとっては故郷でも、妻にとってはめったに訪れない異境の地。文化や風習も違います。移住となれば、これまでの人間関係や生活をリセットし、ゼロから始めなければいけません。年齢のことを考えれば、リスクの大きい選択です。「妻は了承していた」と言いますが、もしかしたら夫の希望がいつの間にか夫婦の**「既定の路線」**になっていたかもしれません。本当は見え隠れしていた妻の本心に気づかぬふりをしてきた覚えはありませんか？

大事なのは、夫婦が本音で話し合い、解決策を探して行動することです。妻も突然「やっぱりあなたの地元には帰らない」と宣言して終わり、では大人として無責任です。妻の「帰らない宣言」は最後通告ではなく、話し合いの始まり。二人でなんとか妥協点を見つけていきましょう。

その方法の一つとして、夫婦が共に勝てる話し合い方をご紹介します。**Win-Win解決法**としてスティーブン・コヴィーが『7つの習慣』で提唱したものをベースにしています。これは、自分にとってWin（勝ち）でも、それがパートナーからすればLose（負け）だったら、夫婦とってLoseになるという考え方です。「私さえ勝てばいい」ではなく**「私たちが共に勝つ」**解決法をめざします。

夫婦のための Win-Win 解決法

1. 夫婦にとって問題のある状況を一つ取り上げます
2. あなたにとって理想の状況を、妻に3つ伝えます
3. 妻も自分にとって理想の状況を、夫に3つ伝えます
4. お互いの理想をよく理解し、共に理想に近づけるような方法を考えつく限り出し合います
5. その中で一番良さそうなものから実行します
6. やってみた結果を定期的に振り返り、次の行動を決めます

たとえば、夫婦で地元に住まなくとも、週末に訪ねる、春夏秋冬1ヶ月ずつ住む、夫だけ移住して妻は定期的に訪ねる、親を東京に呼び寄せるなどの選択もあります。もちろん、経済的・時間的な制約はありますが、柔軟に考えれば様々な方法が見えてくるはずです。

また、そんなライフスタイルを取り入れている他の夫婦の話を聞きにいく、コミュニティーに入って情報を得るなども選択の幅を広げます。

年老いた両親も、もちろん大事。でも、夫にとって一番に守るべきは「妻の笑顔」です。ちょっと不満気な両親がいたら「夫婦でこう決めたから」と突っぱねる。そんな強さが大切です。

処方箋

NO!の後にこそ、本当の話し合いが必要です

事例

17

義母の介護を妻任せにする夫

結婚34年：夫（66歳・退職後、ボランティア）妻（60歳・専業主婦）長男（30歳）次男（29歳）共に独立

妻の言い分

がんばらなきゃならないのは、あなたでしょ

夫の言い分

おふくろのために、がんばってくれ

相談事

悩みは、車で1時間程の距離に一人で住む87歳の義母のことです。夫は一人っ子で、何かと言えば私に義母の様子を見に行ってくれと頼みます。義母は悪い人ではありませんが、夫との仲は微妙。私だって行けば正直疲れるのに「オレは忙

しい」と、自分では出かけようとしません。これから先、私の負担がどんどん増えそうでウンザリします。

ポイント

・「妻は夫を支えるべし」という義務感には注意が必要
・「しかたないわ」というあきらめは手放そう
・「これまで通り」の生き方を変えようとすると、心の抵抗が生まれる

解説

ひと昔前なら、夫の両親の世話は嫁がして当然、という考えがありました。今も保守的な地域では、それが普通ということもあるかも知れません。

でも現代社会では子どもが自分の親の面倒を見るのが主流です。昔のように大家族で介護を助け合える時代ではありません。公平にやらないと、つぶれてしまいます。

特に介護問題では、これからどう生きて、どうお金を使いたいのか、義母の価値観に寄り添いながら本音を確認していく必要も出てきます。たとえば、実家の処分、お墓の問題、銀行の通帳を預かる、延命治療の希望を聞く、介護サービスの契約等々、嫁の立場では、正直むずかしいことばかりです。

だからこそ、夫に「私がメインでは、キビシイ」「あなたにもっと関わってほしい」としっかり伝え、夫婦の話し合いが求められます。

その際、気をつけてほしいのは**思考のクセ**です。専業主婦として長年やってきたあなたのベースには「**妻が家庭を支えなきゃいけない**」という義務感があるかもしれません。その気持ちが強すぎると、無意識に「義母の介護＝自分の責任」と感じ、口では夫に「もっとやってよ」と言いながら、心では「自分はちゃんとやってない！」と自分自身を責めてしまいがちになります。

もう一つ気をつけたい思考グセは、**あきらめの気持ち**。これがあると「仕方ないわ。夫はそう言ってるし。結局、私がやるしかない……」という選択をしがち。不満を伝えないと夫婦の距離は開くばかりです。

何かを変えようとする時、心の奥では変えさせまいとする引力のような力が動き出します。それは、変わることによって今までの「**コンフォートゾーン**」（不安を感じないで日常の行動を行える安全圏）を抜け出すことになるから。心の奥から「夫とお義母さんの介護のことを話し合うって、結構大変だよねぇ。もう自分でやっちゃった方が面倒くさくないかも」という声が聞こえてくるのです。

本当に変わりたいと思う時は、こういう心の声を無視せずに、しっかり聞いてあげましょう。「確かにね」と受け止めて、それからどうするか。ここから「それでも、あきらめずに話す」と決める。それがあなたの選択です。

話し合いの場では、介護についての気持ちをIメッセージで率直に話し合うことが大切です。また、気になるのは、「義母と夫との仲は微妙」という点。夫が実母を妻任せにしたい一番の原因は、ここにありそうです。子供時代を思い出して妻と分かち合えれば、夫はこれまでとは違う思いで母と接するようになるかも知れません。

実際の役割分担は、それぞれの体力や性格、得意なことに応じて調整しましょう。あまりきっちり決めすぎず、融通を持たせることも大切です。夫婦のどちらかに負担がかかりすぎてはいけません。介護にも「対等」はやっぱり大事です。

処方箋

夫婦は対等。罪悪感なく、夫をもっとアテにしよう！

事例

18

深い話ができない夫

結婚22年：夫（54歳・製造業）妻（50歳・パート事務員）長男（23歳独立）長女（20歳大学生）

妻の言い分

話ができなきゃ、むなしいのよ

夫の言い分

話さなくても、問題ないだろ？

相談事

夫は会社人間。毎日帰りが遅く、これといった趣味もありません。週末は家でゴロゴロしています。私はウオーキングに行ったり友人とお茶したり、夫婦の行動はバラバラ。もっと夫と話したい気持ちはあるのですが、深い話は面倒くさい

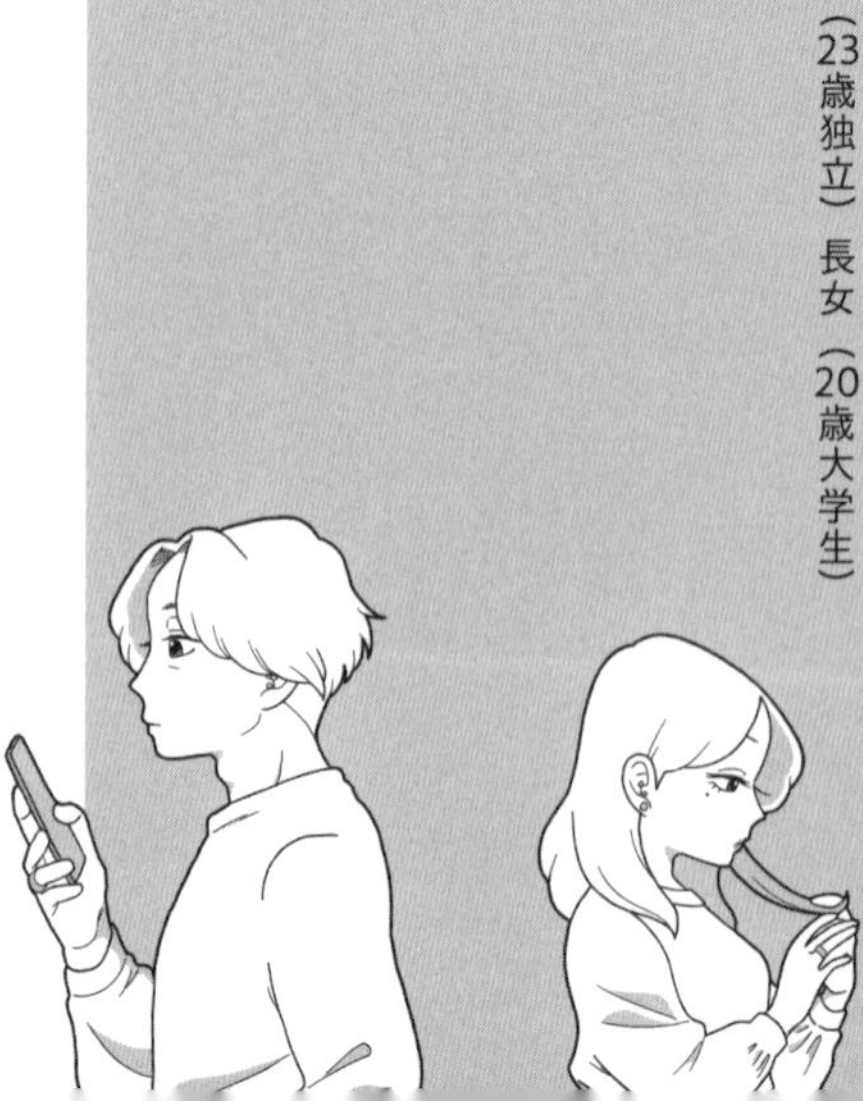

と相手にされません。このままでは夫とは単なる同居人で終わりそうで、むなしさを感じます。

ポイント

・距離型夫婦は、お互いに近づくのが怖い
・夫に興味を持つ
・妻の「いいこと」を見つけるまなざしで、夫の気持ちをふくらませよう

解説

忙しかった子育てもひと段落し、ホッとできる時間が増えてきた。50代は夫婦仲良く、いろんなことを話しながら暮らしたい。そんな風に感じ始める世代です。でも、現実はキビシイ！　話したい。だけど夫との話は続かない。「その手の話は面倒くさい」と言われる。中年期の夫婦の孤独についての調査では、妻は夫といる時に一番孤独を感じるという結果が出ています（＊）。「やっぱり夫とは話せない」と、心が離れていく妻たちの姿が見えるようです。

距離型夫婦は、**本当はお互いが気にはなるけど、近づくのが怖いと感じていま**

す。「今さら何かアクションを起こして、また揉めたくない。このままの関係を保った方が平和」と実はお互いに慎重になっています。

だけど、もしもこの事例のようにどこかで「むなしさ」を感じるのなら、二人の関係に変化を起こしてみるのもありかもしれません。

その変化とは「人として、夫に興味を持ってみる」こと。やっぱり相手への興味が、人間関係の距離を縮める特効薬なのです。

たとえば、夫は同僚とどんな話をしてるんでしょう？　仕事の行き帰り、どんなことを考えているんでしょう？　ランチは何を食べてるの？

長年一緒にいると、相手の行動や考え方を「当たり前」と感じるもの。夫のことは「ずっと変わらないおじさん」としか見えなくなります。でも、ほんの少し興味を持つことで「おお、意外！」と言う発見はきっとあるはず。「へ～、そうなんだ。知らなかった」というところから、夫婦の会話は始まります。

もう一つ、夫への視点を広げ、会話を豊かにするとっておきの方法があります。それは、帰宅した夫に「おかえり！　今日はどんないいことがあった？」って明るく聞いてみること。

人間の脳には思考の焦点を当てた情報を、より優先的にキャッチするRAS(Reticular Activating System の略)という機能があります。自分の興味・関心のある情報を、無意識に多く集めてくる「フィルター」のような役割を果たします。つまり、「今日はどんないいことがあった？」っていう声かけを繰り返すと、夫のＲＡＳが反応し無意識に身の回りに起きたいいこと情報を集め始めるのです。

ちょっと待っても夫が何も言わないようなら、最初はあなたがリードするのもいいですね。「今日体重測ったら1キロやせてたのよ！　嬉しい！」「ベランダのひまわりがキレイに咲いたのよ！　見て見て」などなど。その後の「あなたはどう？」を忘れずに。

妻の「いいこと」を見つけるまなざしは、夫の気持ちをふくらませる一番の贈り物です。

処方箋

「おかえり！　今日はどんないいことがあった？」の声かけを始めよう！

＊井上清美（２００１）家族内部における孤独感と個人化傾向―中年期夫婦に対する調査データから　家族社会学研究、12、２３７―２４６。

事例

19

テニスにはまった妻

結婚33年：夫（66歳・無職・元印刷会社勤務）妻（62歳・調理師）長女（30歳）次女（28歳）長男（26歳）
3人共自立

妻の言い分

別にあなたに迷惑かけてない

夫の言い分

いい年してよくやるよ

相談事

最近妻がテニスを始め、休日になると朝からいそいそと出かけていきます。私の昼食も用意はしてくれますが、いかにも「間に合わせ」で作ったという感じ。楽しそうな妻を見ているとなんだか悔しくて、ついつい出がけの妻に「いいよな、お前は気楽で」などと言ってしまい険悪なムードになってしまいます。どうしたらいいでしょうか？

ポイント

・自分は犠牲になっていると思うと、相手に文句を言いたくなる
・男たるもの、女たるもの、の意識があると生きづらくなる
・趣味にいそしんでも、負け組ではない

解説

距離型の夫婦は、お互いに「離れている」ことでバランスを取っています。この事例のように片方が新しい趣味に目覚めて人生イキイキ。もう片方は定年退職後のフリーライフで、なんだか一人だけ置いてけぼりをくらったように感じ始めた場合、一気に関係性のバランスがくずれ、夫婦がモメる要因になります。

60代の男性は仕事も第一線から退き、社会的な役割が減っていく時期です。これまで家族のために一生懸命やってきたと感じているだけに、「多くのことを**犠牲にしてきたのに……**」という感覚が強まってしまうもの。「いいよな、お前は

気楽で」という発言は、大きく人生が変わった夫の複雑な心境を物語っています。

それでも、気まずい夫婦関係を良くしたいのなら、そんなイヤミがついつい出てしまう自分にサヨナラすることです。そのためにまず大切なのは、楽しそうな奥様に「気楽でいいよな」と言いたくなる自分を否定しないこと。そして、なぜ自分は気楽になれないのか考えてみてください。日本の高度成長期を支えてきた60代の男性の多くを無意識レベルで縛っている「**男たるもの・女たるもの**」の価値観に気がつくことが大切です。

たとえば、こんな思い込みはありませんか？

チェックリスト（＊）

□男性は仕事をして家計を支えるべきだ
□共働きでも男性は家庭より仕事を優先するべきだ
□家事・育児は女性がするべきだ
□男性は人前で泣くべきではない
□自治会や町内会の重要な役割は男性が担うべきだ

働く戦士時代には、大切だったかもしれません。でも、それはあくまでも過去の話。刷り込まれた「男らしさ」にとらわれていると、素の自分を出せない葛藤が生まれ、夫婦の距離はますます開いていくばかりです。

これから目指したい夫婦の人生に役に立たない価値観であれば、「今までありがとう。そしてさようなら」と別れを告げて次のステージに進みましょう。

そしてもう一つ、中高年の多くの男性を苦しめるのが「**趣味にいそしむのは、負け組**」という概念です。これまで仕事一途。だからこれといった趣味がないのは当然のこと。でも、退職して時間ができ、何でもできるはずなのにやりたいことが見つからない背景には、趣味を楽しんでいる自分を認められない気持ちがあるのかも知れません。

そんな生きにくさを手放すために、必要なのは行動です。四の五の言わず、何か始めてみませんか。オススメは女子にも人気の料理、陶芸、絵画など。生徒同士として女性とたくさん触れ合えば、きっとあなたも変わるはず。

さあ、これからは趣味にいそしんで、至福の時代を楽しみましょう。

処方箋

定年後は、勇気を持って気楽に生きよう

＊内閣府男女共同参画局　令和3年度　性別による無意識の思い込み（アンコンシャス・バイアス）に関する調査研究より

瀬戸際夫婦（距離型）のコミュニケーションと心のワーク

距離はあるけど、心の底ではお互いの存在が気になる。それが、距離型夫婦。今さら近づいて話すのもこわい…… 傷つくのも、傷つけられるのもイヤ……。

二人がしあわせなら、ちょうどよく距離を保った大人の夫婦も素敵ですよね。

でも、もしちょっぴりさみしさを感じているのなら、少しずつ自分の気持ち、伝えてみませんか？

以下に、二人が話す準備になるコミュニケーションと心のポイントをお伝えしますね。

コミュニケーションのワーク

1．夫婦の言動翻訳

同じ行動なのに、夫婦でまったく違う意味づけをしていることがよくあります。

左記は、そのほんの一例です。お役に立てばうれしいです。

愛されてる

夫にとっては、同じ空間にホッコリいること。

妻にとっては、大好きな花を一輪買ってきてくれること。

買う

夫にとっては、必要なものを最短で手に入れること。

妻にとっては、気に入るものを迷いながら手に入れること。

あやまる

夫にとっては、「ごめんね」と言うこと。

妻にとっては、なぜ「ごめんね」なのかちゃんとわかってもらうこと。

仕事する

夫にとっては、家族のためにがんばること。

妻にとっては、家族のために無理しすぎないでほしいこと。

食べる

夫にとっては、黙々と残さずたいらげて、喜んでもらうこと。

妻にとっては、「わ～、おいしい！」と喜んでもらうこと。

話す

夫にとっては、用件を手短に伝えること。

妻にとっては、気持ちや事情を共有すること。

2. 夫婦についての思い込みチェックリスト（＊）

次のような思い込みがあると、夫婦はうまくいかなくなる傾向にあります。チェックしてみてください。

□うまくいっている夫婦には葛藤や衝突はない

□相手が自分を愛しているなら、言わなくても自分の気持ちや考えはわかってくれる

□夫婦であれば言いたいことはなんでも言うべきだ

□自立している人は、人を頼ったり、甘えたりしない
□夫婦の関係がより良いものになるためには、相手が変わらなければならない
□夫婦で意見が食い違った時、どちらかが間違っている
□パートナーとの間で問題が生じたら、実家を頼るのは当然だ

しあわせ夫婦の答えはこちらです。こちらもチェックしてみてください。

□葛藤や衝突があっても、乗り越える工夫を続けている
□たとえ愛し合う夫婦でも、話さなければわからない
□夫婦でも、お互いに配慮が必要
□お互いに頼ったり甘えたりするのは、夫婦には必要なこと
□自分が変わることで関係が変わり、相手が変わることはある
□どちらが正しいということはなく、両方の視点や考え方が大切なことが多い
□実家を巻き込むとこじれることが多い。要注意

＊野末武義。結婚による家族の成立期。東京：有斐閣ブックス：2019. 55-70. 中釜洋子。

家族心理学 家族システムの発達と臨床的援助。

心のワーク

1. 夫婦の承認のワーク

「自分のこんなところがいいな」「夫のこんなところが素晴らしい」「妻のこんなところが好き」そんな気持ちを思い出してお互いに自己価値をあげるワークです。ぜひ夫に（妻に）承認ポイントを伝えてあげてくださいね。

A. まずはあなた自身の素晴らしいところを10個書き出してください
B. 次に夫のすばらしいところを10個書き出してください
C. 夫に頼んであなたのすばらしいところを10個書き出してもらいましょう
D. 夫婦で伝え合います

このワークは、ちょっと恥ずかしいけど嬉しいもの。お互いがお互いのどこを魅力と感じてるのかわかると、夫婦は近づきやすくなります。

第3章

瀬戸際夫婦（三角関係型）

事例

20

夫を除け者にする妻

結婚15年：夫（46歳・総合病院総務）妻（46歳・人材派遣会社パート）長女（14歳中学生）

妻の言い分

こんな状態じゃ、有り得ない！

夫の言い分

前みたいな優しい妻に戻ってほしい

相談事

私はこれまで家族のため、一生懸命に働いてきました。でも最近、家に帰ると妻と娘から除け者にされてつらい状況です。妻たちが楽しそうにしている食卓に私が近づくと、シラっとして明らかに迷惑そうです。妻が忙しそうな時「手伝う

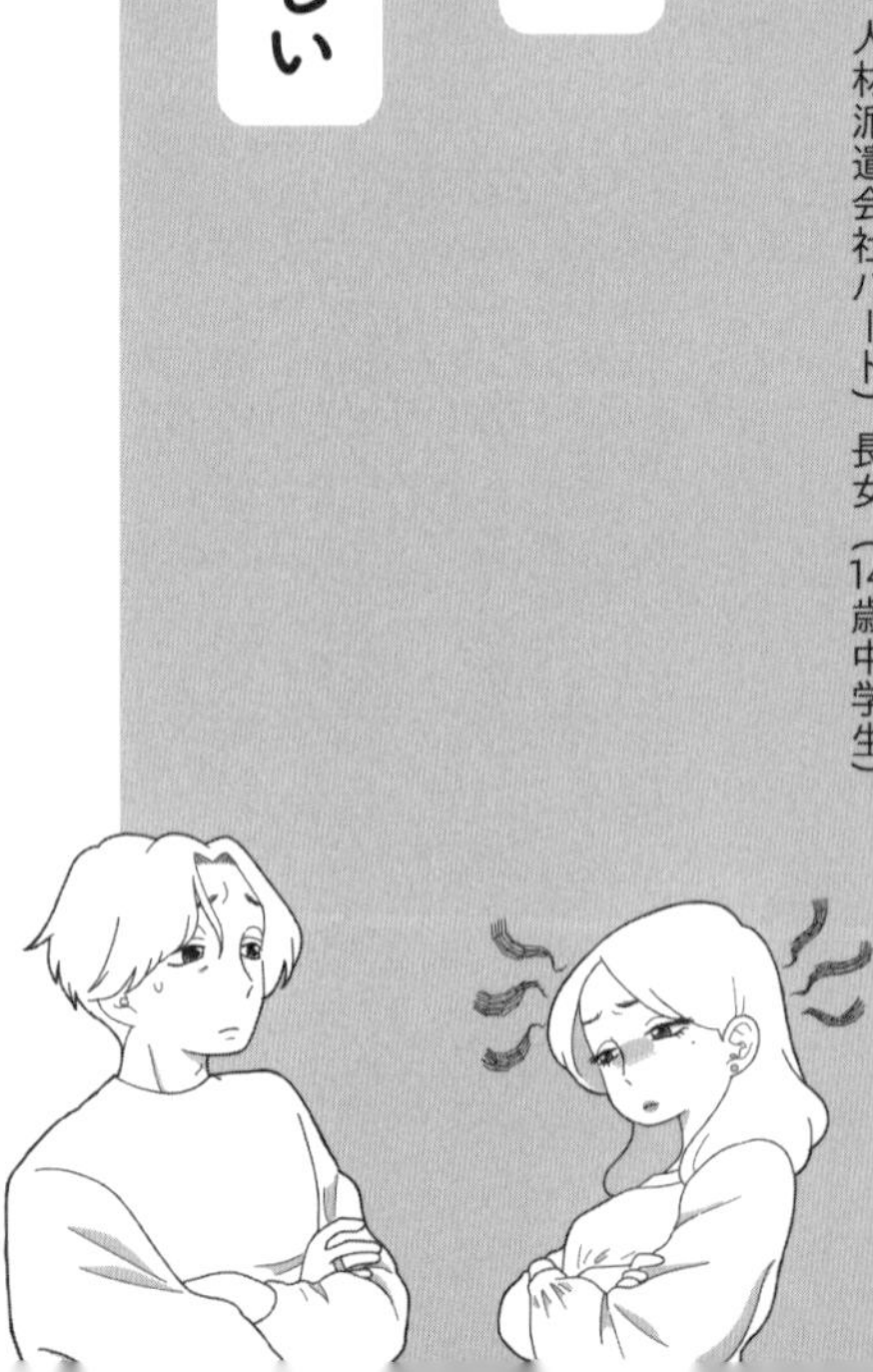

よ」と声をかけても「何もしなくていい」などと言われ、私の居場所はありません。どうしたら昔のような優しい妻が戻ってくるのでしょうか？

ポイント

・夫婦がうまくいかない時、家族が2対1になることがある
・自分は自分で、今できることをしよう
・自分の感情を意識しよう

解説

「仕事が終わり、さあ家に帰ろう」という時間が憂鬱、という夫が増えています。映画館や居酒屋などで時間をつぶし、家族が寝静まる頃コッソリ帰宅。帰宅恐怖症と言われる症状の原因の一つに「夫の家族内での孤立」があります。

家族心理学では**家族内の三角関係**と呼ばれ、**夫婦がうまくいかない時、片方が第三者を味方につけて2対1になる**ことがあります。事例では妻と娘が二人組になっていますが、どちらかが母親と密着したり、外に愛人を作ったりというケースもあります。人ではなく仕事や趣味に夢中になり、パートナーを邪魔者扱いすることも三角関係型に入ります。

本人はとてもつらく、向き合いたくない現実。でも、一番の被害者は子どもです。大人のように母親の相談に乗り、いつも母親の味方でなければと感じ、父親を遠ざけます。安定した子ども時代を生きられず、心の成長に影響が及ぶことも多いのです。

夫が「昔のように、笑顔の妻に戻ってほしい」と思うのは、とても自然なことです。でも「なんとかしたい」と焦るのではなく「今の妻には時間が必要」と、一歩引いて見てみましょう。

今は、家族三人がピンと張ったゴムヒモを持って、三角に立っているようなもの。一人が感情的に動いたら、他の二人もそれにつられて反応してしまいます。あなた一人でも三角形の渦に巻き込まれず、まずは「**自分は自分で、今できることをする**」姿を見せることが大切です。

たとえば

・「おはよう」「ただいま」「ありがとう」「ごちそうさま」「おかえり」をちゃんと言う
・部屋をきちんと整頓し、そうじする
・ウォーキングやスポーツをする
・帰宅するのが怖くて潰していた時間を、将来のための勉強時間に当てる
・規則正しく生活する

こんな時間の積み重ねで、自分らしく行動できている感覚が生まれ「自分は自分」という自信が戻ります。

もう一つは、**自分の感情を意識すること**。感情が動く場面で心を閉じてしまうと、自分がニセモノの様に感じてむなしくなります。たとえば朝、妻の不機嫌そうな顔を見た時。怒りにフタをするのではなく、落ち着いた時間にその気持ちを感情日記などで振り返りましょう。怒りの下に隠していたさみしさ、悲しさなど

をちゃんと受け止めると、心が癒されて穏やかになります。

心に少し余裕が生まれたら、家族への「いつもありがとう」の声かけやさみしそうな時の「大丈夫？」のひと言、誕生日の「おめでとう」カードなども、できる範囲で続けましょう。**「今、自分ができることをする」感覚で、家族を大事に思っているあなたの気持ちも伝えていきましょう。**

処方箋

家族の三角関係から抜け出すために「今できること」に集中しよう

夫婦で向き合うべき時、ちゃんと向き合えなかった。それが三角関係の始まりです。でも、親が感情の渦に巻き込まれない生き方を見せれば、子どもはそれを受け継ぐことができます。子どもの未来を守るためにも、しっかりと自分を持って、出来ることから始めましょう。

事例

21

母親愛の強すぎる夫

結婚27年：夫（54歳・地方公務員）妻（53歳・昨年住宅メーカー退職　現在専業主婦）娘（26歳独立）

妻の言い分

さみしい私は、放っておくの!?

夫の言い分

さみしいおふくろの気持ち、わかってやれよ！

相談事

悩みは義母（78歳）のことです。昨年義父が亡くなり、長男である夫へ依存が加速しています。夫は私の用事はまるでやってくれないのに、母親から頼まれるといそいそと出かけます。この間など、私が不在中に家に姑を招き入れ、そのこ

とで大ゲンカになってしまいました。私には相当厳しかった姑。なんだか姑に嫉妬しているような自分がイヤでたまりません。

ポイント

・嫉妬心を深掘りして、本音に気づこう
・たまった怒りは、発散しよう
・いい嫁・いい妻を演じるのは、もうやめよう

解説

相談者はこれまで良き妻・良き嫁として生きてきた優しい女性。我慢したり、譲ったり、言いたいことをグッと押さえたり。周りに気をつかって家族の平和を守ってきた。そんな妻のおかげで、夫はかなり伸び伸びと生きてこられたんだと思います。

気になるのは「なんだか姑に嫉妬しているような自分がイヤ」という部分です。ここで自分の気持ちを否定していてはなかなか前に進めません。嫉妬心は誰にでもあるし、普段感じられない自分の本音を教えてくれるもの。気持ちをちゃんと感じて受け止めれば、夫婦関係が大きく変わるチャンスでもあるのです。

その気持ちを深掘りしてみれば、**今まで言いたくても言い出せなかった思いがたくさんあるのではないでしょうか。**「自分だってもっと優しくしてほしい。大事にしてほしい！」「過去、義母が自分にしたこと、言ったことが許せない！」「その時守ってくれなかった夫を信頼できない！」もしもこんな怒りに気がついたなら、しっかり感じて、まずはでリリースする工夫が必要です。手軽にできる方法をいくつかご紹介します。

怒りを処理するオススメの方法

・ノートに書き殴ってその後燃やす。ちぎって捨てる
・紙袋に怒りをぶちまけて、その袋をパーンと叩き割る
・家にだれもいない時、トイレで叫ぶ
・クッションや枕を力いっぱいたたく

実際に身体を使って発散し、大きなアクションをすることで「怒りがなくなった」区切りをつけやすくなります。一度やってまだ足りないと思ったら、日を改めて何度でも挑戦しましょう。

また、**嫉妬心は自分に自信がない時、他人軸で生きている時に感じるもの**。そろそろ自分らしく生きたい、という心の声でもあります。「自分は自分」と線を引き、出来ること出来ないことを明確にしましょう。

これからを考えれば必要なのは、お義母さんに呼ばれるたびに出かけるよりも、夫を呼ばなくても成り立つ環境作りです。今後のことを考えて、ケアマネと連絡を取ったり、介護施設の利用を充実させたり、買い物サポートを頼んだり、自立できる工夫をこらしましょう。

家にはあまり来てほしくないのが本音なら、「たまには食事しながらおしゃべりしよう」と、美味しいランチのお店に連れ出す。あなたは行かなくても、夫が義母の家を訪ねる時はちょっとしたお土産を「妻から」と言って渡してもらう。夫との癒着を強める義母の不安を、自分が犠牲にならずに軽くする。その方法を考えましょう。

いい妻、いい嫁を演じていると、心が悲鳴をあげてしまいます。本当は、周りからの評価などもう気にしなくてもいいお年頃。自分の笑顔を大切にする人が、周りも笑顔にできるのです。

処方箋

嫉妬は自分の本音に気づくチャンス！気持ちの深掘りをしてみましょう

事例

22

浮気した妻

結婚19年：夫（48歳・広告会社営業）妻（47歳・管理栄養士）長女（18歳専門学校）

妻の言い分

一生そうやって、責めたてるの？

夫の言い分

浮気した事実は一生消えない

相談事

昨年妻の浮気がわかりました。相手は妻の職場の元同僚です。私の仕事が忙しく、妻とはゆっくり話をする時間も取れない中、話をじっくり聞いてくれる相手に心が傾いたと言います。妻はすでに相手とは別れ、職場も変え、反省している様子ですが、私は正直、ショックが強すぎて妻のことを許せる自信がありません。今後どうしたらいいでしょうか？

ポイント

- **二極性思考では、物事は解決しない**
- **「自分にも責任がある」と受け入れる**
- **夫婦関係の修復は、ゆっくり進める**

解説

お話を聞くと、夫は第一線でバリバリ働いてきたエリート社員。夫婦のリーダーとして、妻よりずっと優位にいた夫。妻の浮気でその土台である自信がくずれ、大きなショックだったと思います。

ショック状態にいる時に気をつけたいのが、「浮気はする方が悪い」と**決めつけ**てしまうことです。これは0か100かの**「二極性思考」**と呼ばれるものです。「妻は100％加害者、自分は100％被害者」と感じてしまうと「自分は何も悪くない。妻が何とかするべきだ」と相手を責めます。

こうなると、何度あやまってもらっても「浮気した事実は一生消えない！」などと怒りが爆発しがちです。自分も妻も苦しく、状況は悪くなる一方です。

また「人間として許されない」など、**正論を持ち出すことも要注意**です。正論には、誰も反論できません。本人はスッキリしますが、グウの根も出ない妻は「夫の正論攻撃にはウンザリ。やり直すなんてとても無理」と感じてしまいます。

もちろん、浮気した妻は悪い。でも、妻は夫に話したい悩み事があっても、それができなかった。もし夫が妻のために時間を作り、きちんと話を聞けていたら？　違う結果が待っていたかも知れません。

浮気のような三角関係にある夫婦の一番の問題は、**二人が向き合うべき問題にきちんと向き合ってこなかったこと**にあります。ずっと自立的だったあなたは、妻の訴えを聞きたくないと耳を塞いできたのかもしれません。もしくは、いつものことだと軽く扱ってきたのかもしれません。長年放っておいた問題が、マグマのように噴出した。それが妻の浮気とも取れるのです。まずは、**「自分にも責任がある」**と受け入れ、被害者から抜け出すところから、妻との話し合いが始まります。

もしも修復を決めた場合は、夫婦で向かい合うつらさを乗り越えて行かなければなりません。そのためには、傷ついた自分の心を守ることも必要です。**夫が安心できるような環境作り**のために、妻には浮気の再発を防ぐための具体的な行動をしてもらいましょう。たとえば、誰とどこに行くのか正確に知らせる、何時には帰る、遅くなる時は必ず連絡するなど、信頼を回復するための約束事を決め、しっかり守ってもらいましょう。

浮気からの夫婦関係修復には、長い年月が必要です。早く何とかしようとあせらずに、話し合いはゆっくり進めましょう。あなた自身が本当にこれからどうしたいのか、今は無理でもいつか「妻を許そう」と思えるのか、じっくり考えてくださいね。

処方箋

自分が安心できる環境を整えて、時間をかけて話し合おう

瀬戸際夫婦（三角関係型）のコミュニケーションと心のワーク

夫婦間に問題がある場合、その問題に真正面から向き合うには勇気がいります。かえって問題が深刻になるような気もして、目をそむけてしまいがちです。

そんな時に起きやすいのが、三角関係の構図です。どちらかが子どもや実家の親、愛人などを巻き込んで、2対1の敵対関係を作り出します。この三者の間には、あたかも糸がピーンと三隅に引っ張られたような緊張状態が生まれます。そんないびつな関係から抜け出すには、夫婦のどちらかが「自分軸」をしっかり持つこと。周囲に左右されない「自分軸」を取り戻すことで、三者の緊張状態を緩めることができます。

コミュニケーションのワーク

1．子どもへの言葉がけを変える

三角関係型夫婦で特に多いのが、妻と子どもが結託し、夫を排除する構図です。その理由の一つは、妻だけでなく子ども自身も父親に対して不満を抱えていることが挙げられます。父親として「上から目線で話す」「否定する」など権威的な言動をしがちな場合は要注意です。言葉がけを変えて、子どもとの距離を縮めるきっかけを掴みましょう。

●「何回も同じことを言わせるな！」と怒った経験はありませんか？　同じセリフを繰り返すと、子どもはその言葉に慣れてしまい、真剣に受け止めなくなることがあります。大切なのは子どもが実際に行動を変えることであり、そのためには、メリットを感じさせる工夫が必要です。たとえば「早く片付けなさい！」と命令するのではなく、「この時間に終わらせられると、後でゆっくり○○が出来るよ」など、時間を守る利点を具体的に伝えれば、子ども自身が「やる気」になります。

●子どもが問題を起こした時は「なぜこんなことをしたんだ！」とつい感情的に反応してしまいがちですが、落ち着いて「どうしたらいいだろう？」と前向きな言葉をかけましょう。二人で相談することで、子どもは自分の行動を見つめ直し、より良い選択肢を見つける力を育むことができます。

- 「子どものために」という思いから、つい言葉が強くなってしまったこともあるでしょう。振り返って言い過ぎたと感じた時には、後からでもあやまりましょう。「お父さんは君のためだと思って厳しい言い方をしたけど、あれは言い過ぎだった。悪かった」。子どもだからとウヤムヤにせず謝罪する姿が、父親への信頼を取り戻すきっかけになります。

2．三角関係の緊張が少し緩んできたら

夫婦が互いに心の余裕がある時に「一人だけ除け者にされているようでさみしい」と思い切って伝えてみましょう。相手を非難したり責めたりする言い方は避け、自分が感じていることを素直に伝えます。

「除け者にした覚えなんかない」。パートナーからはこんな反応が返ってくるかもしれませんが、反論すると相手が防衛的になってしまいます。「そうだね、わざとやっているんじゃないと思うけど……」と相手の主張を受け止めましょう。

大切なのは、結果を急がないこと。勇気を持って気持ちを伝えた自分をたたえ、まずは十分と捉えましょう。あなたの言葉は妻の心の湖に投げた小石のようなもの。波紋はゆっくりと広がって、相手が自分自身を振り返るきっかけになることも多いのです。

3．強い緊張状態の時には

家庭内での緊張が強い場合は、外に助けを求めましょう。親しい友人との語らいや、趣味の集まりに参加するなど、温かな人との交流を持つように意識してください。精神的に大変な時は、家族療法士や心理カウンセラーなど専門家に相談しましょう。パートナーの感情の波にのみ込まれず自分らしくいるサポートが受けられ、心の安定につながります。

1.「自分軸」を育てるワーク

自己価値の明確化

- 紙とペンを用意し「人生で大切にしたいことは何か」をリストアップします（例：家族、成長、自由、安定など）。その価値観に優先順位をつけ、自分の日常の選択がそれに一致しているかを確認します。
- 子どもの頃、好きだった物語を思い出します。主人公の夢や目標、生き方を深掘りすると、自分にとって大切な価値感が見えてきます。

自分史の振り返り

幼少期から現在までの出来事を振り返り、喜びや達成感を感じた瞬間、逆に苦しかった瞬間を書き出します。自分が何に喜びを感じ、何を避けたいのかを理解する役に立ちます。

理想の未来を描く

3年後、5年後、10年後にどんな生活を送りたいかを書き出します。現実的かどうかよりも、本当に「自分が望むもの」が明確になります。

自己肯定感をあげるアファメーション

「私は価値のある存在だ」「私は自分の目標を見つけられる」といった肯定的な言葉を毎日自分に言い聞かせ、自分を信じる強い力を育てましょう。

2. 二極性思考を手放すワーク

白か黒か、善か悪か、など、二極性思考は0か100かで物事を決めつける考え方です。「あの人は味方。この人は敵」「あの人はいつもそうだ」「自分はいつもダメだ」などと決めつけるので、生きづらさを感じる原因にもなります。「本当はそうでもない」と柔軟に考えられると、人間関係が楽になります。

二極性思考を手放すために次のワークに取り組んでみましょう。

状況 気持ちが動揺した時の状況を思い出して、書きましょう

考え その時浮かんだ、自分や相手を責めるような気持ちを書きましょう

反証 その気持ち打ち消すような事実を思い出しましょう。「でも」で始めると書きやすくなります

対策 次に同じようなことがあったら出来ることを書いてみましょう

（例）

状況 夫が夕食時に仕事の話ばかりしていて、私が話したかったことを聞いてくれなかった

考え 夫は私の話なんてどうでもいいと思っているに違いない／この人はいつも自分勝手だ／私の気持ちは全然大事にされていない

反証 でも、夫は忙しい仕事の中で一緒に夕食を取る時間を作ってくれている／でも、過去には私の悩みを真剣に聞いてくれたこともある／でも、もしかしたら今日は単に仕事でストレスが溜まっていたのかもしれない

対策 夕食の前に「今日は私の話を少し聞いてもらいたい」と具体的に伝えてみる／夫が仕事の話をしている時も、まずは一度しっかり聞いてから「私の話もしていい？」と切り出す／もしその場で話せなくても、後で「私も今日話したいことがあった」と感情を抑えた形で伝える

終章

しあわせ夫婦への道

夫婦の最終ゴールは「しあわせ夫婦」

これまで、さまざまな夫婦のパターンをお伝えし、それぞれにありがちな事例をあげて、夫婦が心を癒しながら前に進むためのコミュニケーションのヒントをお伝えしてきました。

この終章では、**夫婦の理想形、「しあわせ夫婦」**に近づくための大事なポイントをお話ししていきたいと思います。

しあわせ夫婦とは、**お互いが自分らしく、笑顔で暮らせる夫婦のことです。**こういった夫婦は、お互いに完璧ではないけれど、「今の自分でOK」「今のあなたでOK」と認め合っています。お互いの良さも弱さもわかっているから、気負わず、安心して素直に話せる関係を築いています。

反対に、1章から3章までお話ししてきた**問題のある夫婦関係では、「自分らしさ」が封印されてしまいがちです。**

本当はケラケラ笑う陽気な妻も、夫といる時は別人のように無表情になったり。

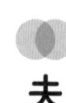

会社では慕われるリーダーの夫なのに、妻といる時は口を全然きかなかったり。せっかくの自分の「良さ」を、お互いに対しては出せなくなってしまう夫婦が多いのです。

問題のある夫婦が「自分らしく」生きにくい理由

夫婦が自分らしく生きられない背景には、いろいろな理由がありますが、夫婦関係に特に影響を与えるのは、幼い頃に「自分は愛されない存在だ」と感じてできた、否定的な自己イメージです。

夫婦のやりとりの中で、こうした「愛されなかった記憶」や感覚が刺激されると、心の奥にしまっていた傷ついた痛みが浮かび上がってくることがあります。それが、強い欲求（ニーズ）となって表れ、相手に対して強く求めすぎたり、感情的に反応しすぎたりして、二人の関係が不安定になることも少なくありません。

ニーズは、具体的にはこんな衝動として現れる場合があります。

・**注目されたい**（こっちを向いて！）
・**重要に扱われたい**（大切にして！）
・**わかってもらいたい**（今の気持ちを理解して！）
・**認められたい**（承認して！）
・**望むやり方で愛してほしい**（私のタイミングや好みをわかっていて！）
・**特別に愛してほしい**（私はたった一人の特別な存在と感じさせて！）

相手のささいな言動をきっかけに、過去の心の傷が刺激され、相手の意図とは関係なく、自分で勝手に「また大切にされなかった」「また無視された」などと決めつけてしまいます。

そして**自分のニーズを、相手から埋めてもらいたい！　何とかしてほしい！という強い衝動に駆られてしまいます**。まるで駄々っ子が「お菓子買って！　今すぐ買って！」と叫んでいるようなものですが、やっている本人は、ちっとも気が付きません。当然、相手にだって、なぜそんな衝動をぶつけられるのか理由がさっぱり理解できません。無意識にやってしまうことだから、夫婦で何度もくり返してしまうのです。

「ニーズ」を満たすためにはどうすればいい？

本当の「自分らしさ」を取り戻すには「ニーズ」を満たすことが大切です。
それには4つのステップがあります。

STEP1 パターンに気づく

まずは、**自分や相手に「ニーズ」が出てきていることに気づくこと。**
ニーズの強い衝動に駆られている時、人にはやりがちな問題行動があります。

たとえば、今日は仕事で大忙し。がんばってもうヘトヘト。やっと家に帰ったら、家族は家のことは何もせず、のんびりテレビを見ていた。この情景に過去の記憶が刺激され、「何よ！」とさけびたい時、こんな行動をしがちです。

- ドアをバーンと閉める
- 階段をドタドタ上がる

- 文句を言う
- 説教する
- 黙り込む
- 引きこもる
- 投げやりになる
- 無視する
- ふて寝する
- 泣く
- 体調が悪くなる

過去、こんな方法で、相手を動かしたことはありませんか？　これがあなたの行動パターンです。最初の頃は、「うまくいった」ことも多いはず。この経験に味をしめて、同じパターンをついつい繰り返しがちです。

こんな行動をしてしまう時は、自分に何かしらニーズがあるサイン、と捉えましょう。

STEP2　認めて許す

実は、「ニーズ」は押さえ込まず認めてあげて、ある程度満たしてあげると手放せるもの。全くなくなることはありませんが、「今すぐ、何とかしてほしい！」という緊急性が減っていきます。これが、「しあわせ夫婦」がリラックスして生きられる大事な秘訣です。

先ほどの例で、「全く、うちの家族は思いやりがない！」と相手を責めるだけでは、ニーズは鎮まりません。

「今日一日、大変だった。すごくがんばって仕事もした。だから『ご苦労様。おかえり！』って声をかけてほしかった。できれば家事も少しはやっていてくれたら、と期待していた。そうしてもらえなかったから、自分は感情が爆発したんだな……」と気づくだけで、心が軽くなり、怒りがおさまるものです。

そして、「また、やっちゃったわ。しょうがないよね」と許すと、**ニーズの処理は完了したも同然**。今すぐ満たしてほしい！　という緊急な衝動ではなくなります。

「ああ、情けない……。またそんなことやっちゃって……」と自己攻撃すると、ニーズが心にくすぶり続け、「愛されない自分」を手放せません。ニーズは否定せず、認めて許すことが大切です。

STEP3 素直に伝える

「ニーズ」を認めて許したら、自分の気持ちを素直に伝えましょう。

やはりIメッセージで「実は今日一日とても大変だった。それでもがんばって仕事をしてきたから、本当は『ご苦労様』って言ってほしかったんだ……」。ここまで素直に気持ちを伝えられたら、相手も素直に反応できます。「そうだったんだ。気がつかなかった。大変だったんだね。ごめんね」というやり取りが、生まれます。

反対に、「20年も一緒にいるんでしょ。それくらい、言わなくてもわかってよ！」、こんなYouメッセージでは、一生、相手は動きません。自分のニーズに気づいたら、恥ずかしくても素直に「本当はこうしてほしかった」と具体的に伝えましょう。

相手に対して「違う」というのは簡単ですが、「自分はこうしてほしい」とは

なかなか言えません。でも、そこで勇気を出し、素直に伝えることがしあわせ夫婦になるための鍵。自分らしく笑顔でいられる相互理解のためのコミュニケーションです。

STEP4　最終段階　幼少期の心の痛みを癒すこと

幼少期の心の痛みを癒すことは、ニーズを癒す上で欠かせないステップです。オススメは事例でも触れた、**夫婦で小さな頃の思い出を語り合う**こと。「最近よくぶつかるなあ」と感じる時に、試してほしい方法です。話題は、その時ピンと来たもので大丈夫。子ども時代の写真から連想しても、いいですね。

ポイントは、話す機会を増やすこと。

「ああ、その話は前にも聞いた」とは決して言わないこと。

心に深く埋め込んでいた「本当はとてもつらかった」痛みに触れるのは、そう簡単ではありません。出来れば、記憶の奥に眠らせておきたいと感じるものです。

だから、たとえば妹が生まれた日について最初に話すのは「3歳の時、妹が生まれて嬉しかった」ということかも知れません。でも何度も話すうちに、ある時ふと「本当は、母の愛を奪われたようで悲しかった」という当時の気持ちがよみがえったりするものです。

仕事から疲れて帰ってきても、家族に「おかえり」と言ってもらえない。その時感じる「無視しないで！」という怒りの始まりは、実は妹の誕生にあるのかも知れない。ポツポツ話していく中で「ああ、そういうことかも」と気が付く。相手もそれで「なるほど」と腑に落ちる。そして初めて、お互いに知らなかった事情がわかり、イライラする現実も違う角度から見ることができる。そこに癒しが生まれます。

大切なのは、**「お互い様ね」と受け入れ満たし合うこと。ニーズはなくならなくても、甘え合える安心感が、心の余裕につながります。「自分らしさ」がそこから生まれ、しあわせ夫婦の土台になります。**

「一人でも生きられる。でも、もう一度手をつなごう」

しあわせ夫婦の一番の強みは、お互いが「自分らしく」いられること。そのために、よく話し、ニーズのある自分も相手も受け入れようと努めています。「自分らしさ」を大切にするために、他にもある工夫ポイントをご紹介します。

1　対等でいる

夫婦はチームメイト。どちらかに寄りかかり過ぎず、お互いをサポートし、バランスの良い関係でいようとする。家事をできるだけ対等に取り組んだり、得意な方が多くその分野を担当したり、二人の負担が公平になる工夫をしている。

2　違いを活用する

お互いの違いをよくわかり、工夫してうまく活かすことができる。たとえば旅行も、行き帰り一緒、日中は別々など、お互いの趣味を尊重する。２人が違う刺激を受けてそれを共有することで、人生がより豊かになる。

3 相手に興味を持っている

自分は自分、相手は相手と切り離さず、相手の気持ちや行動に関心を持っている。だから、2人の会話が楽しめる。

4 よく笑う

お互いを笑わせるポイントがたくさんある。何かがうまくいった時や、誕生日や結婚記念日などはお祝いし、ポジティブな感情で自分達を満たしている。

5 楽しむ

年齢を重ねても人生を楽しむ気持ちを大事にし、実際に面白そうなことや、新しいことにも挑戦する。失敗しても、ネガティブな気持ちをなるべく早く切り替えるよう意識している。

しあわせ夫婦は、共にいたい、甘えたい、依存の気持ちと、一人でいたい、自分のやり方でやりたい、自立の気持ちのバランスを保ちながら、対等な二人の関係を築いています。「私たち」として、同じ方向を向き二人が横々でよく話しながら人生の道を歩いています。つまずいたら、二人で進む方向を検討し、共に進んでいく。だから、ゆっくりでも、遠くまで行ける。依存しすぎず、自立しすぎず、お互いの自分らしさを大切にしながら自然体で過ごすことが、長く心地よく暮らしていける夫婦関係につながります。

そして、こんな二人の関係を続けられる一番の理由。それは、会話のないさみしさを知っているから。**夫婦のどちらかに「本当はさみしい」と相手に伝える勇気があったから**です。

「夫婦が仲良くなるには、二人共コミットしてないと無理よ」
「こっちだけが変わっても、相手が変わらなきゃ始まらない」

夫婦関係に悩む方から、こういう言葉をよく聞きます。でも、本当はそうではありません。しあわせ夫婦の扉を開くのは、まずは最初に気づいた方なのです。自分の弱さを知って、行動を起こせた人。その人の勇気と、その後のコツコツとした努力にかかっています。そんな役割を担っているのは、今の夫婦関係にどこかモヤモヤを感じている人。この本を手に取ってくださった、まさにあなた自身なのだと思います。

もしかしたら、相手に断られるかもしれない。笑われるかも知れない。それでも勇気を持って、自分から相手に手を差し伸べる人。一緒に生きていきたい、と伝えられる人。しあわせ夫婦への鍵は、あなたが握っています。

「一人でも生きられる。でも、もう一度手をつなごう」それがしあわせ夫婦の選択です。

この本を、わかってほしいと願うさみしがり屋のあなたへ。
そして、本当はかまってほしいカッコつけ屋のあなたへ贈ります。

これからも続く二人の旅路が、しあわせなものになりますように。
あなたの未来を、応援しています。

おわりに

この本を最後まで読んでくださり、ありがとうございました。

実は、最後に夫婦の在り方について伝えたいことがもう一つあります。

この本では「しあわせ夫婦」を最終ゴールとしています。でも、人生の中で、「どうしても今の相手とは夫婦としてやっていけない」と感じる場面が訪れることがあるかもしれません。

一度離れてしまった心の溝が埋まらない。生きる目的が違いすぎる。努力しても乗り越えられない。そんな時、私たちは**「別れる」という選択もまた、しあわせへの一つの道だと考えています**。

今の結婚を手放すことで、本当のパートナーに出会えることもあるのです。勇気あるその一歩が、新しいしあわせへの扉を開くかもしれません。

また、私たちは、結婚がすべてだとは思っていません。結婚する自由もあれば、独身でいる自由もある。どんな人生を選んでも、その人らしくしあわせであれば、それが一番だと思います。

でも、もしあなたが今、結婚という形を選んでいるのなら――

共に生きると決めたその人と、せっかくなら笑顔でいてほしい。

その笑顔が、子どもたちの安心になり、喜びになり、やがて未来の光になっていく。夫婦には、それだけの力があります。

この本を読んで、一組でも多くの夫婦が、自分たちらしく幸せに暮らせますように。そのことを心から願っています。


私たちの今後の活動として取り組んでいきたいのが、何年も共に暮らした夫婦が、お互いをもう一度大切なパートナーとして選ぶリ・マリッジセレモニーです。将来、たくさんの方々にご参加いただけるよう、温かく心に残るひとときを提供していきたいと考えています。

「メンターとの出会いが、人生を大きく変える」

私たちがパートナーシップの専門家として活動するきっかけは、2019年の本田健さんのセミナーに参加したことです。

当時、夫は私のことを「おまえ」と呼び続けていました。「その呼び方はやめて」といくら言っても変わらない夫。我慢の限界だった私は、健さんに「いったい、どうしたらいいですか？」と質問したのです。

それに対し、健さんは「これまで、夫のがんやさまざまな問題を乗り越えてきた二人が、何故こんな小さなことに引っかかっているんですか？」とおっしゃったのです。この答えに、私は思わず身が縮む思いでした。「世の中には、同じ様に小さな問題につまずいて、ケンカしている夫婦がたくさんいます。二人が本当にやるべきなのは、そんな夫婦の気持ちを溶かすことです」。健さんはそう続けました。

あれから6年。心の学びを深め、やっとここまでたどり着きました。

出版についても「どうせ書くなら、高い視座を持って」という健さんの言葉を胸に、ベストを尽くしたつもりです。精いっぱいの思いを込めた私たちの本をこうして形にすることができ、本田健さんには心から感謝しています。

また、94歳で現役出版社社長の櫻井秀勲先生との出会いも私たちには宝物です。櫻井先生は、本田健さんのメンターでもあります。

私たちは以前、「えいちゃん&ミキティ」という名前で活動していました。けれど私たちのパーティのご挨拶で、櫻井先生から「これからは女性が活躍する時代。二人の呼び方も女性ファーストでなきゃ」とアドバイスをいただいたのです。

これをきっかけに、私たちは「ミキティ&えいちゃん」と呼び名を変えて、本当に対等な夫婦として活動する様になりました。

今、櫻井先生からいただいたこの名前は、私たちの誇りになっています。

私たちが学んでいるビジョン心理学の日本代表である、ビジョンダイナミックス研究所代表の栗原英彰さんには、「コミットする」ことの大切さと「スピリチュアル」な在り方を学びました。

本を出版するまでの長い道のり、英彰さんの「すぐやる。とことんやる。何でもやる。出来るまでやる」というコミットメントの力に、どれだけ背中を押されてきたかわかりません。

また、目的にむかってベストを尽くした後は、自分の信じる目に見えない存在に「ゆだねる」こと、「祈る」ことの大切さも教えていただきました。
ビジョン心理学の学びがなければ、私たちの本が生まれることはありませんでした。夫婦の共同創造の素晴らしさを学べたことに、深く感謝しています。

今回、初めての本を出版するにあたり、本当にたくさんの方々から、ご支援をいただきました。
出版の機会をくださった実業之日本社様、編集担当の大串喜子さんに、心から感謝申し上げます。また、実業之日本社とのご縁を作ってくださった三上隆之さん、いつもタイミングよくアドバイスをくださった八納啓創さん・慧果さんご夫妻、プロフィール写真の撮影をしてくださった森藤ヒサシさん、オヌキマキさんご夫妻にも心から感謝いたします。静岡の元教師すぎやま先生には、半年でSNS800万回超再生の夫婦インフルエンサーにまで押し上げていただきました。深く感謝いたします。

私たちのプログラムの受講生の皆様や本田健さんのコミュニティの皆様には、

何度も事例のヒアリングをお願いし、快くご協力いただきました。本当にありがとうございました。

そして、ずっと出版を待ち続けてくださった皆様、応援メッセージを送ってくださった皆様。皆様からの励ましと応援なくしては、この本を書き上げることはできませんでした。心から御礼申し上げます。

私たち夫婦を温かく見守り、応援してくれた両親、子どもたち夫婦、親戚やご先祖様に感謝いたします。

最後に、繰り返しになりますが、本書を読んでくださった読者の皆様、本当にありがとうございます。気に入っていただけましたら、パートナーやご両親にもぜひ、ご一読をおすすめくださいね。

須藤夫婦

須藤夫婦（ミキティ＆えいちゃん）

夫婦インフルエンサー／幸せな人間関係とパートナーシップの専門家／心理トレーナー
結婚40年。毎日ケンカをしつつも、しあわせいっぱいな夫婦。
「須藤夫婦＠中高年あるある」のショート動画は、SNSで800万回超再生と大人気。「夫婦の笑顔が世界を変える」というビジョン実現のため、夫婦でセミナーや講演会等の活動をしている。

須藤美喜子（すどうみきこ）

二人の子どもを持つ専業主婦から39歳で大学教員となる。Temple大学教育学博士後期課程単位取得。英語教授法をメインに、言語コミュニケーション、言語心理学、会話分析などを学ぶ。国際基督教大学、関西学院大学、甲南大学などで24年間教壇に立つ。主な研究テーマは、会話に現れる力関係。研究を通して、良き集団のメンバーであることが求められる文化が、夫婦共に大きなストレスになることを痛感。夫婦が異なる価値観を受け入れ、人間として対等に繋がり、折り合いをつけながら生きる方法こそ今後伝えるべき人生のテーマと確信。教職を辞し、現在は人間関係・パートナーシップの専門家として活動中。

須藤英彦（すどうひでひこ）Ph.D.

博士（スポーツ科学）専門は運動継続・行動変容。ウォーキング継続の研究で学位取得。

50歳から働きながら大学院で学び、8年かけて博士号取得。61歳で前立腺がんに罹患したことがきっかけで、身体の健康だけでなく、心の健康の大切さに気づき、心理学を学び始める。自分自身だけでなく、両親や先祖代々の課題を癒すことで、妻や娘との関係が劇的に改善した経験から、現在は心と身体の両面から、人間関係やパートナーシップに悩む中高年に向けたカウンセリングやセミナーを行っている。

わかってもらえない妻《つま》
かまってもらえない夫《おっと》
なぜ夫婦《ふうふ》はすれ違《ちが》うのか

2025年4月25日　初版第1刷発行

著　者　須藤夫婦《すどうふうふ》
発行者　岩野裕一
発行所　株式会社実業之日本社
〒107-0062　東京都港区南青山6-6-22 emergence 2
TEL：03-6809-0473（編集）TEL：03-6809-0495（販売）
https://www.j-n.co.jp/

印刷所　TOPPANクロレ株式会社
製本所　株式会社ブックアート
ブックデザイン　ソウルデザイン
イラスト　おくげちゃん
本文DTP　株式会社キャップス
編集協力　長谷川 華

 ISBN978-4-408-65152-1（第二書籍）